U0830090

ORIGINAL POINT PSYCHOLOGY | 源心理

WE:
Understanding the Psychology of Romantic Love

恋爱中的人

荣格观点的爱情心理学

〔美〕罗伯特·约翰逊（Robert A. Johnson）著

邓伯宸 译

华龄出版社
HUALING PRESS

北京市版权局著作权合同登记号 图字：01-2023-1970 号

图书在版编目（CIP）数据

恋爱中的人：荣格观点的爱情心理学 /（美）罗伯特·约翰逊（Robert A. Johnson）著；邓伯宸译 .-- 北京：华龄出版社，2023.7
ISBN 978-7-5169-2556-0

Ⅰ . ①恋… Ⅱ . ①罗… ②邓… Ⅲ . ①荣格（Jung, Carl Gustav 1875-1961）－恋爱心理学 Ⅳ . ① C913.1

中国国家版本馆 CIP 数据核字（2023）第 110142 号

策划编辑 颉腾文化　**责任印制** 李未圻
责任编辑 苗昊聪

书名 恋爱中的人：荣格观点的爱情心理学
作者 ［美］罗伯特·约翰逊（Robert A. Johnson）
出版发行 华龄出版社 HUALING PRESS
社址 北京市东城区安定门外大街甲 57 号　**邮编** 100011
发行（010）58122255　**传真**（010）84049572
承印 文畅阁印刷有限公司
版次 2023 年 8 月第 1 版　**印次** 2023 年 8 月第 1 次印刷
规格 787mm × 1092mm　**开本** 1/32
印张 9.5　**字数** 139 千字
书号 978-7-5169-2556-0
定价 69.00 元

关于神话——神话的来源与翻译

本书是以荣格（Carl Gustav Jung）的观点来诠释《崔斯坦与伊索德》（*Tristan and Iseult*），全书的焦点是神话中一些对心理学具有启发性的象征。我无意把这本书弄成一部文学的神话学术研究，因此，为了维持叙述与解说的流畅，从头到尾没有使用注解。说到神话的考据，对学术界来说，想来早已耳熟能详，若在这里还摆出一副学究的姿态，只怕会让其他读者分心，反而偏离了本书的宗旨。

在阅读我的解说前，有些读者或许想先对神话本身有个了解，所以我在每一章前面有一个小节，交代故事情节。故事的改写主要是根据著名的贝迪耶（Bédier）版，此一版本完成于本世纪之交，由贝洛克（Hilaire Belloc）与罗森菲尔德（Paul Rosenfeld）翻译成英文。不可避免地，我的改写在材料上必然有所节略，而节略势必又会削弱故事的力量，因此，在许多地方，无论是对话或叙事，我都直接引用这两位译者非常出色的英文翻译。这里举一个例子，故事的最后一幕，王后伊索德从船上登岸，拼命寻找崔斯坦："直冲而上王宫，斗篷飞舞如狂……"如此这般，接下去就是一段最美的英文译文。

这本译作堪称罕见的艺术作品，保留了古英文的纯朴及诗的意象，全无自以为是的虚华做作，无损原文分毫，无论学者或一般读者，都应该从头到尾读完这本绝妙的译作。

我没有采用贝迪耶版本的地方只有一处，一个重要的细节：情药在两个恋人身上发挥神奇药效的那三年期间，我引用的是贝洛尔（Béroul）的版本。贝洛尔是第一个讲述崔斯坦故事的诗人，在我看来，他的版本更接近神话初发（first grew）的家乡土壤。

关于女性——了解自己生命中的"崔斯坦"

在崔斯坦与伊索德的故事中，女性读者将会发现，人一旦陷入恋爱，无论男女，都会感受到一幅清晰的象征画面：有一股强大的力量在作祟。

这则神话故事不仅记录了恋爱（romantic love）在男性心理中的动态，也反映了女性在西方文化中的命运，并告诉我们，女性的感情、亲密关系及心理意识，其价值实际上全都是西方男权思想下的文化产物。对女性来说，这个神话最重要的洞察之一就是：就某种程度来说，多数男性都是无意识地在寻找自己所失去的阴性特质，寻找生命中的阴性价值，试图透过女人找到自己无法活出的阴性部分。

但接受男权现实的并非只有男人，女人同样被教导要牢记阳性价值，其代价则是贬抑生命中的阴性特质。许多女人终其一生活在卑微之中，因为她们觉得女性是“次等的”。女人从小就被教导，唯有男人的活动、思想、力量及成就才具有真正的价值。因此，西方女性发现自己有着和西方男性相同的心理矛盾：贬抑自己的阴性特质，培养单特质的阳性特质——好胜、掌控。

这则爱情神话的重写，尽管是站在男人的立场，是透过男人的眼光，但女人仍然可以在其中发现许多自身的体验。不过，女性读者应当要记住，这则神话并不一定是在反映女性心理，或某种女性的恋爱经验。事实上，另有“女人的神话”，例如《爱神与赛姬》[①]，就更精确地呈现了女人的内心世界。

男人与女人的心理结构明显不同。如果硬要透过一则“男人的神话”充分解析女人的心理，不可避免地会扭曲其结构。在恋爱中尤其如此，因为女人的感情发展异于男人，对亲密关系的感受也有着男人无法同样感受到的微妙差异。

多数女人为了经营自己与男人的亲密关系，处理对方那看似难以理解的情绪、想法及反应，无不费尽心思。女性读者若能随着崔斯坦与伊索德走上一趟，可以更了解自己生命中的“崔斯坦”，知道如何抓住他内在最好的一面，但同样重要的，也可以更清楚地看到自己所不知道的自性（self）。

① 参考作者著作《他与她：从荣格观点探索男性与女性的内在旅程》。

关于爱情——鼓起勇气，诚实审视恋爱

在西方心灵中，恋爱自成一个最大的能量体系。在西方文化中，恋爱取代了信仰，成为男人与女人寻求意义、超越、完整与狂喜的场域。

在这种文化中，恋爱成为西方一种独有的普遍现象。关于恋爱的种种理念及说法，我们无不耳熟能详，因此，我们认为，恋爱是“爱”的唯一形式，是婚姻与亲密关系的基础，但是我们其实可以向东方取经，多多学习。在东方文化中，譬如印度及日本，我们发现夫妻之间伉俪情深，其稳定与忠诚往往令我们汗颜。不过话又说回来，他们的爱并不是我们所熟知的“恋爱”。对于亲密关系，他们所接受的并不是同样的理想，也不像我们那样，对另一半有着难度极高的要求与期望。

恋爱，不只是一种“爱”的形式，而是一整个心理状态，其中有信任，有理想，有态度，有期望。所有这些往往互为矛盾的想法共存于我们的无意识中，支配我们的反应及行为，我们却全然无所觉察。对于

与另一个人的亲密关系，我们该如何感受，该“割舍”什么，我们自有自己的想法。

之所以如此，因为恋爱并不只是爱一个人，而是“相恋”。这是一种非常独特的心理现象。两个人一旦“相恋”，我们相信自己已经在另一个人的存在中找到了终极的生命意义。我们觉得自己终于完整了，找回了失去的部分自己。突然间，生命拥有了整体（wholeness），拥有了人类所不能及的强度，将我们提升到了一个超越寻常存在的高度。对我们来说，这一切皆是“真爱”的象征。这一整个心理状态，包括一个无意识的要求：我们的情人或配偶永远会为我们带来这种狂喜与炽烈的感受。

西方人一向自以为是，总以为我们的“爱”——恋爱——才是最好的，其他各种两人之间的爱，相较之下既缺乏温度又无足轻重。假如西方人有自知之明，就必定会承认，在爱情的处理上，我们实在不怎么高明。

“恋爱”时尽管我们欣喜若狂，但多数时候却觉得孤独，感到疏离，常常因为觉得未曾得到真心的爱和忠诚相待而消沉丧气。通常我们都会责怪对方辜负了我们。或许，真正需要改变的是我们自己的无意识心态，以及我们对亲密关系，对另一个人所强求的期望与要求，但我们做不到。

这就是西方心灵的巨大伤口，是西方文化的大问题。荣格说，如果发现了一个人或一个民族的心灵伤口，也就找到了通往其意识的门户。因为，在治疗自己心灵伤口的过程中，我们将会认识自己。如果我们真正用心去了解爱情，爱情也会成为一扇通往意识的门户。西方人如果能把自己从无法自主的无意识承担与期待中解放出来，对亲密关系，乃至于对我们自己的个性，都会带来新的理解。

在许多文化中，恋爱自古以来就有，在古希腊、罗马帝国、古波斯及封建日本文学中都可以找到。但在历史上，在所有文化当中，恋爱成为一个普遍现象只见于现代西方社会，只有我们西方社会才把恋爱当成婚姻与亲密关系的基础，并视为文化理想上的“真爱”。恋爱之于西方社会，起源于中世纪，首度出现于西方文学的就是崔斯坦与伊索德的神话，传唱于吟游诗人的歌诗之中，又称为“宫廷爱情”（courtly love），典型内容是：英勇的骑士心仪一美好的女子，惊为天人，视其为至美至善的化身，是推动他追求高贵、虔诚、优雅及崇高人格的典范。时至今日，我们已经把宫廷爱情融入了性关系及婚姻，但仍然保持着中世纪的看法：对一个在我们心目中形象完美的男人或女人的心醉神迷的崇拜（ecstatic adoration）才是真正的爱情。

荣格明白地告诉我们，一个人的生命中突然出现某种重大的心理现象，那就表示有巨大的无意识能量蹿升到了意识层面。对一种文化来说也是如此。在一个民族的某一个历史点，一种新的趋势从集体无意识中爆发出来，一种新的理念、新的信仰、新的价值、或新的宇宙观，如果能够整合到意识中，那就表示是一种正面的趋势，但在它爆发之初往往势不可当，甚至破坏力十足。

在西方历史中，恋爱就是这种势不可当的心理现象之一。恋爱兴起，征服了我们的集体心灵，永远地改变了我们的世界观。但对于我们的社会来说，我们还没学会如何掌握恋爱这种沛然莫之能御的力量，恋情往往变成悲剧与决裂，而不是天长地久。但我相信，无论男人或女人，一旦了解了爱情背后的心理动态，懂得有意识地加以掌握，在亲密关系上，对自己，对别人，必都能够发现新的可能。

本书用崔斯坦与伊索德的神话来探讨恋爱。这则神话堪称所有伟大史诗中最动人、最凄美、最悲怆的故事，是西方文学处理爱情的第一个作品，是西方所有爱情文学的起源，从《罗密欧与朱丽叶》到坊间电影院放映的爱情故事，无不皆然。我们应用荣格心理学来诠释神话中的象征，从而明白其中所教导的爱情的源起、本质及意义。

一如帕西法尔（Parsifal）神话，崔斯坦与伊索德神话是“男人的神话”，讲的是年轻的崔斯坦长成一个高贵无私的英雄，后来与王后伊索德热恋，从而展开一段惊心动魄的人生经历。整个故事有如一幅充满象征的巨画，生动描绘了一个男人阳性意识的发展，从努力奋斗养成阳性特质到意识到自己的阴性特质，以及对爱与接纳的处理。叙述一个男人消磨于爱情的欢乐、激情与痛苦中时，阳性心灵所承受之矛盾力量与忠诚的撕裂之苦。

然而，这则神话对女性也有极大的价值与好处，因为，崔斯坦所揭示的爱情心理动态同样适用于男性与女性。用心读完这则神话，将之当成一段丰富的西方心灵之旅去加以体验，不仅可以使女性更加了解生命中的男人，也可以更加明白那些在她自己之内运作的神秘力量。

诚实地审视恋爱，无论男女，都是一趟需要勇气的旅程，强迫我们不仅要审视恋爱之美及其潜在的能量，同时审视我们内在无意识层面的矛盾与幻象。需要勇气的旅程总不免要行经黑暗的幽谷，当面对艰难的冲突时，假如我们坚持下去，必将获得对意识的崭新认识。

关于故事——一探神话里的恋爱与心灵

各位读者，你们若要听爱与死的动人故事，就来听崔斯坦与王后伊索德吧；听他们的欢喜，也听他们的悲伤，听他们的相爱相惜，但最后，他们为爱共赴黄泉，她依偎着他，他依偎着她。

崔斯坦与伊索德的动人故事，如此这般开始。但见中世纪的吟游诗人边弹边唱，招呼着老爷与夫人、骑士与平民，来来来，来听一个曲折离奇的故事，一个冒险与爱情的故事。于是，人们聚了上来，或在城堡大堂，或在庄园大厅，围着柴火，一同重温骑士崔斯坦与他的至爱王后伊索德的动人故事。

这故事是史上伟大的神话之一，其庄严与力量媲美吉尔珈美什（Gilgamesh）、贝奥伍夫（Beowulf）或冰岛传奇（Icelandic sagas）。这样的神话都有一个特征，散发一种不可思议的力量，令人激动，令人振奋，将人拉出卑微的自我，提升至一个神奇、崇高、至情至性的境界。但神话并不止于此，懂得听的人还能从中听出某些心理学的信息，了解心灵的深度。

多年前，一位文法学校的老师问班上的同学："神话是什么？"一个我与他父母都熟识的孩子举起手，回答道："神话就是内里真实、外面不真实的某种东西。"老师不懂，但比起大人来，孩子的心理学智慧往往更多些。其实，神话是真实的：就实质面来说虽然不真实，但精确表达了心理状态，心灵的内在情况。

神话如梦。梦是无意识心智的信使。透过梦，无意识将其内涵及关切传达给意识心智。一个人懂得了梦的象征预言，就会懂得解读无意识层内部的活动，甚至发现该如何因应。荣格明白地告诉我们，神话也是无意识的象征表达。但话说回来，梦表达的是一个人的心理动态，神话表达的则是一个社会、文化或种族集体意识的动态。

神话是整个民族在某一历史点的集体“梦境”，仿佛是整个民族一同做梦，这个“梦”，亦即神话，透过诗、歌及故事喷涌而出。但神话不止活在文学与想象中，很快地，也进入文化的行为及心态——进入了人们的日常生活中。

崔斯坦与伊索德的神话是西方心灵的深层表现，传达了许多“我们为何而活”的信息，提供了一幅全景，呈现过去数千年在西方人无意识中运作的心理力量。最重要的是，这则神话为我们描绘了一幅爱情的图像，精确到令人痛苦的程度——爱情何以会进入我们的文化，爱情是什么，为什么总是好事多磨。

从我们的神话中可以得知，在西方的心灵演化中，爱情是不可或缺的要素。唯有有意识地活在爱情中——活在爱情所代表的巨大心理驱力中，我们才算是完整的，在意识的演化上才算是踏出了下一步。在意识的演化上，最大的问题往往也是最丰富的机会。

禅宗教导我们，内在的成长往往都会遇到一种“红炭鲠喉”的经历。在我们的成长中，往往会碰到问题，遇到障碍，深到“吞不下去，咳不出来”，正好可以形容西方的爱情经验：有它，活不下去；无它，也活不下去——吞不下去，咳不出来！喉咙中的这块“火炭”提醒我们，巨大的演化潜能正呼之欲出。

荣格多年沉浸于多彩多姿的心灵世界，熟稔其原理原则，在心灵的方寸间，他看到了一股巨大的演化力量在运作。他发现，人类的心灵一直在追求完整，追求自身的完成，要变得更为自觉。无意识心智努力想要将自身的内涵提升到意识层次，好让自己在人格上得以整合得更自觉。每个人的心灵天生就有一股追求成长的演化冲动，想要把无意识的内涵加以整合，把整个人不听管束的部分带入一个完整的、一体的意识自性（conscious self）。

按照荣格的说法，无意识才是本源，意识心智及自我人格都是从那里衍生而来。所有我们意识的人格表现，包括价值、思想、感情、能力及心态，都源自无意识的自然初始状态。这样的说法，我们拿珊瑚礁的形成来做比喻就清楚了。海洋用自身的物质一点一滴制造了一个岛礁，将之推升至水面，暴露于阳光下。千万年之后，先有了表土及植物，然后出现了动物及人类，于是小岛变成了一个人类生活与意识的中心。一如广袤的海洋，集体无意识诞生了一个小岛；这是一个自觉的心灵，一个自我（ego），亦即“我”——一个自己意识到的我。此一小小的自我心智（ego-mind），在广袤的无意识包围之下，要达成一项崇高任务，一项特别使命，在这个演化过程中，其责任在于不断地与无意识整合，直至意识心智对自性的整体性做出真正的回应。

人类都受制于此巨大的演化力量，无有例外。演化过程中，当集体无意识进入一个新的阶段时，任何障碍都容不下，为了推动新的理想或新的可能进入一个群体的意识心灵，会把社会搞得天翻地覆，形成社会运动，催生新的信仰，乃至推翻一个帝国。

若要真正了解神话或爱情，此一心灵演化的观点十分重要。爱情于西方的出现，在这出演化的宇宙大戏中开启了重要的篇章。爱情是面具，背后隐藏着一系列新的可能，等待整合到意识中去。但心灵能量的巨浪，其形成却是始于个体层次，完成这项任务，使整个美妙过程在我们自己灵魂的方寸之间瓜熟蒂落的，始终都是个体（individuals）。身为个体，一切取决于我们，接受爱情这种原始的无意识能量、纷呈的欲望冲动，以及各种的可能，将之转化成为觉察与接纳。

所有伟大的神话都是在象征人生的成长阶段。这些巨力万钧的故事之所以如此扣人心弦、深入人心，道理在此。崔斯坦与伊索德则是一幅象征西方心灵心理发展到了转折点的蓝图，我们在其中看到了矛盾及幻象，也看到了潜在的发展趋势。

接下来，我们就来深入探讨这个“动人的爱与死的故事”。偶尔我们会停下来阅读这幅蓝图中的象征语言，学习接受这则神话中的智慧。

目录

I　崔斯坦的诞生及成长

II　情酒的征服

Ⅲ　崔斯坦与伊索德的魔幻花园幽会

Ⅳ　玉手伊索德出现，以及爱与死的结合

Ⅴ　结论

I

崔斯坦的诞生及成长

故事情节

很久很久以前，亚瑟王时代，英明的康瓦尔（Cornwall）国王马克（Mark），公正仁慈，深受人民爱戴。但时乖运舛，凶残的敌人包围马克，入侵他的领土。所幸英明的莱昂列斯（Lyonesse）国王李维隆（Rivalen）跨海远从法兰西率兵来援，马克赢得大胜，为感恩图报，乃将唯一的妹妹布朗瑟芙勒（Blanchfleur）许配给李维隆王，以示永结盟好。Blanchfleur 意为“白花”，布朗瑟芙勒人如其名，娇柔、美丽、白皙。王家婚礼在廷塔哲堡（Tintagel Castle）举行，没多久布朗瑟芙勒有孕在身，就是那命运多舛的孩子崔斯坦。

隔没多久，噩讯传来：凶残的摩根公爵（Duke Morgan）心怀不轨，竟然起兵进犯莱昂列斯的城镇。

李维隆王启航，带着新后挥师回征。血战数月，可怜的李维隆王身中暗算，死于摩根之手。布朗瑟芙勒听闻噩耗，面无血色，晕厥在地，眼看命在旦夕。她已无意独活，只愿追随夫君于地下。但此时她已身怀六甲，忍悲三日，唯愿一死，至第四天，生下一儿，说道:“孩子，我盼望见你久矣……身为女人所生之至美。我悲伤来此，悲伤生你，悲伤你出生的第一个大日子，悲伤你来到世界，你的名字就叫崔斯坦吧，意思是悲伤的孩子。”

于是，她为孩子取名，亲吻他，然后死去。

罗哈特勋爵（Lord Rohalt）是李维隆王忠心耿耿的司礼官，眼看战局无可挽回，便向摩根公爵投降，交出城堡，莱昂列斯沦入暴政统治，无一寸土得以幸免。但罗哈特将婴儿崔斯坦藏身自己的儿子当中，因而逃过了摩根公爵的邪恶之手。崔斯坦与罗哈特的儿子一同长大，俊美高大，但他并不知道自己的真实身份，以为罗哈特就是自己的父亲。当他长大了，罗哈特教导他贵族所需具备的一切品格才艺:

枪矛与剑

盾与弓箭

掷石饼

障碍跨越

疾恶如仇

言出必行

竖琴唱弹

熟练猎术

崔斯坦骑术精湛，人驹合一。他正直勇敢，虽然还是个孩子，剑术已经有成人的功力。无人不称赞罗哈特有一个好儿子，但罗哈特心中自有分寸，待崔斯坦有如他的君王。

一天，挪威海盗伪装成商人，诱骗崔斯坦登船。尽管他初生牛犊不怕虎，竭力抗拒，海盗仍将他结实捆绑，打算将这么优秀的孩子卖到异乡为奴。但大海容不得这样一艘作恶之船，海上起了风暴，巨浪翻上甲板，海盗知道海洋诸神因他们犯的罪行发怒了，便将崔斯坦丢上一条小船，放流海上，瞬间，风止浪静。崔斯坦克服万难终于上岸，到了康瓦尔翠绿的海岸，那儿仍然是他的舅舅马克王统治之地。

恰巧王室猎人经过海岸，见崔斯坦一表人才，深为喜爱，将他带入王宫。但马克王凝视崔斯坦时，不知为何，悲伤与柔情并生。因为，在崔斯坦的脸上他看到了亲爱的妹妹布朗瑟芙勒的影子，她的血液在召唤他。

晚餐后，崔斯坦弹起竖琴，唱起老歌，闻者莫不心为之兴起，泪盈眶，马克王说道："孩子，教你的师父真神人也，而你一定也蒙神庇佑，因为神喜爱好的歌者……你既来到这儿，令我们欢喜，朋友，不如长期留下，彼此亲近。"

崔斯坦应道："陛下，我将留下，忠诚侍奉您如同我主。"他在廷塔哲堡一住三年，马克王如父亲一般待他，彼此生出深厚感情。

三年过去，忠心耿耿的司礼官罗哈特遍寻崔斯坦不得，来到了康瓦尔。崔斯坦的身世真相大白：马克王的亲外甥，李维隆王之子，莱昂列斯的王位继承人。于是，崔斯坦率领一队勇猛的骑士，渡海前往莱昂列斯，起兵于乡村，民众争相奋起，对抗摩根的暴政。战场上，仇人相见，一决高下，崔斯坦挥剑，手刃摩根，报了摩根当年的叛逆之仇。

但崔斯坦不登基，而是将莱昂列斯的王位让予罗哈特。他向罗哈特说道：“我是这里的王，人亲土亲，但我心系舅舅，英明的马克王。如今暴君已死，我把这里托付给你，忠心耿耿的罗哈特，请你替我治理。我必须启程回到马克王身边，侍奉他有如我主。”听了这番话，众贵族相拥而泣，因为他们想要将崔斯坦留在莱昂列斯，做他们的王。但他们却回答说：“如此甚是合理，陛下。”

当时，爱尔兰王国非常强大，对康瓦尔横征暴敛，康瓦尔人无不悲愤填膺，每四年还要进贡三百少男及三百少女——全都是他们的儿女，送到爱尔兰为奴，直至客死异乡。但过去十五年来，马克王拒绝进贡，爱尔兰王大怒。当时，爱尔兰王后为一名法术高强的女巫，其兄弟为一巨人，名叫摩哈特（Morhalt）。摩哈特高大强壮，甚是了得，纵使五个骑士联手也奈何不了他。

一个愁云惨雾的日子，摩哈特带领着大批骑士登陆康瓦尔，命令交出少男少女进贡。

“但听好了！”他说道，“如果康瓦尔有哪个骑士跟我挑战，我们公平决斗，以决定爱尔兰王是否接受进贡。如果爱尔兰王是对的一方，神就会赐我胜利！”

王宫中，摩哈特傲然而立，面对所有的贵族，提出决斗要求，但众人沉默畏惧。第二天，他再度来到王宫前面，提出决斗要求。仿佛鹰入雀笼，康瓦尔众贵族无不战栗，以“翅”掩面。但到了第三天，一个男孩站了出来，跪在王面前说：“陛下，请让我出战。”正是崔斯坦。

崔斯坦出战摩哈特，在离岸小岛上。出战之日，众贵族相顾哭泣，为自己没有崔斯坦那样的勇气感到遗憾及惭愧。民众随着崔斯坦来到岸边，流泪祈祷。他们仍然怀着希望，因为除了寄希望于万一，他们无计可施。

到了决斗战场，崔斯坦自小船上一跃而出，转身推开小船放诸水流。摩哈特大惊，但崔斯坦说：“我们两人只有一人能活着离开，留一条船就够了。”

留在岸上的人们听到岛上传来三声惨叫。摩哈特的骑士们笑了起来，确信胜利在望。康瓦尔的妇人们哭泣，举行哀悼仪式，排成一列，手牵着手，号啕恸哭悼念。

正午时分，众人看到摩哈特的小船从小岛返回，风起帆扬，鼓起皇家紫色船帆。这一来希望落空了，他们绝望哭泣。但当小船接近，突然间，他们看到崔斯坦站在船头，手持双剑，盔甲上阳光闪闪生辉。年轻人一拥而上跃入水中，兴高采烈地游出去迎接。当他们拉着小船靠岸，崔斯坦对摩哈特的骑士们说："爱尔兰的大人们，摩哈特骁勇善战。看，我的剑都折损了，一段碎片正中他的头颅。大人们，那截碎片就请取去，作为康瓦尔的进贡吧。"

尽管伤口血流不止，崔斯坦仍步行穿越廷塔哲的街市，直上城堡，所经之处，民众沿途挥舞翠绿树枝，抛洒鲜花，高声颂赞神；色彩缤纷的挂毡从窗户垂挂下来，一路上钟声鸣响，号角洪亮，欢声雷动。城堡前，崔斯坦因伤晕厥，倒在马克王的怀里。

崔斯坦的伤势日益恶化，因为摩哈特刺伤他的倒刺有毒。他面无血色，身体衰退，无论医生或巫师都束手无策，因为只有女巫爱尔兰王后及她的女儿——金发伊索德——知道解毒的秘咒。白日夜晚，她们守护着摩哈特的遗体；白日夜晚，她们诅咒莱昂列斯崔斯坦；白日夜晚，她们渴望复仇。

崔斯坦知道，在康瓦尔，自己无药可医。他的心

崔斯坦求救

告诉他，到海上去，无论治愈或死亡，都要到海上去。

“我要到海上去试试，那儿才有机会……让大海带我独自远行，去到哪一片土地无关紧要，只要能治愈我的伤。或许哪一天，我还能再度为您效命，亲爱的舅舅，做您的琴，做您的猎人，做您的臣仆。”

人们将他轻轻放上一艘小船，无帆也无桨，剑则留在岸上，因为剑于他已经毫无用处。但他带着琴上船，以为路上自娱。然后，人们含泪推他入海，将他交托给神，大海随即将他带走……

七天七夜，崔斯坦漂泊在海上，渐渐接近一处海岸。暗夜沉沉，渔人听到柔美的乐音如银，漂在水上。天明时分，他们发现他，奄奄一息，手放在喑哑的琴上。渔人将崔斯坦带上岸，立刻传话给他们的公主，因为她天赋异禀，擅长医术。

他们的公主，金发伊索德，母亲是女巫爱尔兰王后，至于那个港湾呢，则是怀特海汶（Whitehaven），是摩哈特的墓冢所在。就这样，受伤的陌生人被带到了伊索德公主面前，世上所有的女人当中，能够治愈他的唯有她；但世上所有的女人当中，最希望他死的也是她。

|第一章|

布朗瑟芙勒

现在我们暂停，把崔斯坦留在爱尔兰，先来仔细审视一下这则神话的象征语言，了解一下神话所要教导的启示。

故事一开始，我们都知道，主人翁生于悲伤，来到世间的第一天就失去了母亲。但这个孩子代表什么？对我们来说，布朗瑟芙勒的死亡又象征着什么？

失去母亲并不是崔斯坦一个人的事，因为崔斯坦是现代西方男性的原型，是我们现代男性的初生者。崔斯坦的精神就是我们的精神，他的世界就是我们的世界，他的问题就是我们的问题，他失去的就是我们失去的。

就心理层面而言，我们的现代时期始于十二世纪，亦即崔斯坦诞生及这个神话产生的时代，那个世纪是西方历史一个重大的分水岭，现代西方精神的种子就是在那个时期种下：今天的我们——我们的心态、价值观、矛盾及理想——全都是由那粒种子萌发的。集体心灵犹如一棵枝叶四布的大树，是在一个个世纪中慢慢长成的。对这一巨大的演化所形成的集体心灵来说，千年只是瞬间。

崔斯坦就是那个新生儿，出生于中世纪，成长了一千年长成现代的西方男性。他的母亲与父亲，布朗瑟芙勒与李维隆王，象征旧秩序、欧洲的古代精神。他们死亡，但生下的孩子是现代的西方精神，崔斯坦，新男人。

布朗瑟芙勒惨死，把崔斯坦丢在一个悲惨扭曲的世界，阴性（feminine，或称女性）的痕迹几乎全都丧失了。一如崔斯坦，我们继承了那个世界。因为布朗瑟芙勒是内在的阴性，她象征的是西方男人内心的阴性灵魂，是曾经存在于西方文化中的阴性价值。她的死亡记录了我们历史上那个悲伤的日子：我们的男权心态终于彻底将阴性赶出了我们的文化，赶出了我们的个人生活。崔斯坦所接受的教养是“贵族才艺”，那是什么？击剑刺枪、骑马射箭、跨越障碍、狩猎，全都是搏击之术。在他的世界里，强调的无非生命中阳性的一面：施展力量，训练打斗，保疆卫土。每个英雄都必须具备这些本领——非此不可！但这代表的只是一半的人性。马克王没有王后，而妹妹布朗瑟芙勒已死。整个生命中阴性的一面——爱、情感关系、内省、直觉与感性的生命经验——在康瓦尔及莱昂列斯全都消失。崔斯坦唯一还保留的阴性特质残余就是他的竖琴，而如我们所知，保住他性命的也正是竖琴。

这里所谓的“阴性特质”，如果我们先有个清楚的概念，对于要讲的故事也就会理解得更清楚。

荣格发现，心灵本身是双性的（androgynous），兼具阳性（masculine，或称男性）与阴性的成分。因此，每个男人与每个女人生来所具有的心理结构，就整体来说，这两个方面、两种特质、两种能力及优点，全都包括其中。心灵自发地将本身分为互补地对立，将某些特质归于“阳性”，某些则归于“阴性”，并将之表现为一个阳性与阴性的综合体。有如古代中国心理学中的阴与阳，两个互补的对立互为平衡，互为充实。任何人类的价值或质量，就其本身来说，无一是完整的。如果我们想要得到平衡及完整，就必须将“阳性特质”与“阴性特质”整合，有意识地将两者“搭配”起来。

我们懂得接纳，懂得爱，心灵都将之视为“阴性特质”。相对地，施展力量、掌控局面及保卫领域的能力，心灵则视之为“阳性”的力量。要成为一个完整的男人或女人，每个人都必须发展心灵的这两个特质，要能刚也要能柔，要能收也要能放，要能顺应运势，也要能因地制宜。

若是从这个角度看，“阴性特质”所指明显不是“专属女人的”，而是男人与女人所共有的内在心理特质。一个男人如果发展其内在的阴性特质，实际上是在补足他的男性特质，使他成为一个更为完整的男性，一个更为完整的人。身为一个男人，能够真正爱自己的孩子又能够在事业上努力奋斗，那才是最强的男人。男人若能够接纳、勇于表达自己的爱与感情，表现自己的阴性特质，正是以增强并平衡自己的阳性力量。

每个人都拥有追求完整的潜在动能，将我们内在冲突的部分整合起来。这个人的整体有一个简单的名字，荣格称之为“自性”（self）。

自性就是每个人内在的各种力量、动能及特质的总和；也正是此一总和，成就了我之所以为我——一个独一无二的个体。自性，是人的存有核心内一个平衡、和谐、对称的统一体，每个人打从内心都可以感知得到。但我们的意识心智却很少感受到它的存在，我们很少觉得自己是统一的（unity），是一体的。一般来说，我们总觉得自己是一团混乱，是由互为矛盾的欲望、价值观、信念及期望所构成，它们有些是有意识，有些是无意识，各行其是，互相拉扯。

“觉悟”，就是要意识到这些自我的分裂与矛盾，去唤醒统摄这一切。唤醒自性的统一体（the unity of the self），乃是心理演化的主要目标，是无价之宝，是最深层的向往。心灵具备阳性与阴性的双重特质，充分说明了此一可能。

在神话的象征中，自性往往以一对阳性与阴性来表示：王与后、神裔兄妹，神与女神，经由这类皇家配偶象征，心灵告诉我们，虽是互补的对立，但自性实际上是一体。这意味着我们必须“结婚”，亦即人类本质两大极端的一种神圣结合。有如阴阳双龙，内在国王与王后透过自性的永恒之舞，以阳性与阴性的能量创造我们的世界。

但崔斯坦的世界没有王后！虽有一王，马克，但王后已死，布朗瑟芙勒已经离开了人世。

然而，为生命带来意义的是阴性特质，这包括接纳其他人类，以爱柔化力量，重视内在感情与价值，尊重自然环境，沉醉于大地之美，以及透过内省求取内在智慧。如果少了这些特质，生命还有多少意义？仗剑执枪，我们建立了帝国，但意义何在，所为何来？但布朗瑟芙勒之死并不意味我们永远丧失了这些特质。在神话及梦里，死亡意味着某些东西脱离了意识心智，但仍然留存于无意识中，等待重生，进入意识。今天我们就看到，许多人尝试要将布朗瑟芙勒从无意识中找回来，努力学习表达内心的感受，表露真性情，唤醒生命中的本能。其中虽不乏装腔作势，三分钟热度，到头来落得拥抱自我意识，被迫有“自发性”，但至少人们试图要找回布朗瑟芙勒。

布朗瑟芙勒为什么会死？为什么我们西方人会丧

失了那样的能力，去爱，去感受，去接纳？

我们这就来看看布朗瑟芙勒！身处战乱危世，她为报救援之恩而缔结鸳盟，然后又一头栽入莱昂列斯的战争，丈夫战死，让她痛不欲生。她随军征战，耳闻目睹无非士兵、战斗、盟友、死亡。我们文化中的内在阴性如出一辙，随时随军出征，车驾蒙尘，任人驱策，身不由己，困窒于杀戮，被遗忘于金铁交鸣杀声震天之中。在莱昂列斯那个寒冷的日子，随着布朗瑟芙勒死去，西方心灵中的阴性灵魂飘然而逝，渡海而往爱尔兰，往某个神秘的岛屿。她活在无意识中，等待时机重返人间。

| 第二章 |

悲伤的孩子

“我悲伤来此，悲伤生你，悲伤你人生的第一个大日子，悲伤你来到世界，你的名字就叫崔斯坦吧，意思是悲伤的孩子。”

马克王、李维隆王及摩根公爵的世界正是我们男权心态的鲜活象征。无分男女，我们全都没有充分意识到自己是如何受制男权偏见的。男性对权力、财富、声望及“成就”的追求，使我们的心灵为之匮乏，将阴性价值逐出我们的生命，凡此种种，我们全都还未充分觉醒。

一如崔斯坦，我们都是悲伤的孩子。西方人全都是内在贫乏的孩子，尽管外在上我们拥有一切。历史上，或许没有其他人如此寂寞，如此疏离，如此价值混乱，如此神经质。对环境的支配，我们无所不用其极，凡事机关算尽。对财富的搜刮，我们达到前所未有的地步。但我们当中，很少人，的确很少，内心是平安的，关系是稳定的，感情是满足的，活得是自在的。我们绝大多数人呼救生命的意义，呼救可以安身立命的价值，呼求爱与亲密关系。

我们悲伤，是因为丧失了阴性价值，因为我们将之贬抑、逐出了我们的文化；在一个唯力量、竞争与“出人头地”是求的文化中，布朗瑟芙勒根本无法存活。神话一开始，我们就看到了，我们为崔斯坦出生所打造的是一个什么样的世界？战争连年，兵刃相接，人们满脑子想的是建立帝国，扩张领土，累积财富，不惜任何代价支配环境。这一切，我们称之为进步。但也正是这偏颇的心理，李维隆与布朗瑟芙勒命丧黄泉，崔斯坦沦为孤儿。

李维隆王与布朗瑟芙勒结为夫妻，象征我们西方人以男权为核心的结合心理，但这却是绝路一条，因为这样的想法建立在一个前提下：女性价值永远要为男性的权力需求服务。最后，摩根公爵——象征男权心理的总结——摧毁了此一脆弱的结合：他杀了王与后。

布朗瑟芙勒从未得到她应有的社会地位，她所代表的价值从未获得应该得到的尊重。马克虽然爱妹妹，但为了报答李维隆出兵相助，将她交易给了李维隆，借此巩固彼此的盟谊。她只是一项财产，在男性自我的心目中，无非权力运用的一枚棋子而已。如果我们够清醒，在我们的社会中也可以看到同样的情形：男人利用女人的情感控制她，有人跟你套交情只是为了要推销东西给你的朋友，电视广告说“如果我们真正爱孩子”就要买他的产品，诸如此类，无不是出于自利，搬出爱与感情，却是作为权力与利益的祭品。我们这个社会至今仍在出卖布朗瑟芙勒。

摩根公爵代表一个极端，是集男权心态之恶的大成。故事中，李维隆王已经转身背对他，他谎称等待，却痛下杀手。他一不做二不休，毫无是非心，穷凶极恶。摩根公爵象征的是内在阴性特质已经丧失殆尽、只剩下阳性那一半的心灵；代表的是一股疯狂的力量，完全没有爱、情感及人类价值予以平衡。他追求的只有权力，人性泯灭，冷酷无情。

在我们这个时代，要找摩根公爵根本不费力。他可能掌管着政府，可能经营公司，也可能料理家务。如果我们用心考察，在你我的活动范围之内，这类人到处都有，因为他们无所不在。我们一旦贬抑自己内在的阴性特质，切断了与阴性价值的联系，我们也就成了摩根公爵，每天想的，无非出人头地，如何赢过别人，如何在事业及社会上更上层楼，如何叫家人及朋友都听自己的；忘了凡事都该忠于自己的价值、自己内在的自性及我们所爱的人。

摩根公爵的阴魂唤醒了我们深层的心理真实：人心若不能在互补的对立上取得平衡，便无法活出真正的健康。如果我们的阳性特质排挤它的“另一半”——阴性特质——阳性特质就会失去平衡，会生病，最后，会变得丑陋不堪。力量，少了爱便成为残酷；情感，少了阳性的强度则是感情用事。

人性的一个特质若是过度发展，没有另一个特质予以平衡，则会趋于专横，那就是残暴的摩根公爵。这样一来，与其互补的对立面遭到压抑进入了无意识，那就是布朗瑟芙勒。但无意识并不会容忍这种失衡；我们都知道，追求完整、一体、平衡乃是心灵世界中最强大的力量。阴性特质将重返。隔海的伊索德正在等待。当伊索德出现，自以为掌握一切的男权世界将彻底改头换面。

因此，悲伤的孩子是有希望的。崔斯坦也是希望的孩子。孩子作为一种象征，永远代表一种新的可能，一种在人类心灵中诞生的创新意识。崔斯坦继承的是一个悲伤的世界，但也继承了内在的力量，是打造一个新世界及新理解的潜力。崔斯坦是一个英雄，他将击败摩根公爵，夺回他的基本权利。他将发现伊索德，布朗瑟芙勒的化身。我们都是崔斯坦，每个人都是崔斯坦。我们有他的悲伤，有他的挑战，也有他的希望。

| 第三章 |

意识之岛，神的大海

启航——直向深不可测的水域，啊，不知危险为何物的心哪，探索，我与你，你与我，我们将航向水手迄今不敢一探之地，我们将置船于险地，包括我们自己与所有的人。

啊，勇敢的心哪！

啊，向前，向前航行！

啊，冒险之乐，但却安全！那不都是神的大海吗？

啊，向前，向前，向前航行！

——华特·惠特曼（Walt Whitman）

《印度之旅》（*Passage to India*）

有史以来，对全体人类来说，大海一直都是无意识的伟大象征。大海上岛屿罗列，异域奇邦，遥不可及，代表的是广大的未知领域。对这些神秘、魔幻、可能存在飞毯及精灵的地方，我们的向往有着深层的内在意义，那其实是我们在怀想自己心灵深处未经探索的神秘，怀想隐藏于自己内心的可能，怀想一切自己所不知道的、不曾经历的、不敢跨越的。

在崔斯坦的时代，世界很小。大海另一端的未知异域是爱尔兰。那儿有一个女巫王后，一个有传奇性的公主，还有许多龙和巨人。在华特·惠特曼的时代，印度象征神秘未知的无意识领域，航向印度乃是前往无意识的“水手迄今不敢一探之地”的英雄之旅。在我们的世纪，我们则有另一种神话，另一种象征。从遥远的银河系及星球，宇宙飞船载来外星人，其文明比我们更优越更强大，从他们那里，我们学习新奇绝妙的事物。

所有这些神话，每一则都是在描绘人类的心灵。住在康瓦尔小岛上的那个自我，只是广阔心灵宇宙的一小部分，但整个汪洋大海或无意识，整个广袤的星际空间，却有其他的“意识岛屿”，各有其价值、实力及观点，这些意识核心都是自我必须加以整合的。

康瓦尔是个自我岛屿，当家的是男权的阳性心态。爱尔兰则是无意识的母系女性岛屿，当家的是女巫王后。两者如果少了互补的对立都无法生存。康瓦尔必须到爱尔兰去，否则，爱尔兰就得去康瓦尔。

无意识不停地将崔斯坦拉向爱尔兰，崔斯坦是英雄，身负将两者牵系一起的重责大任。他必须将自己放流到神的大海，到“水手迄今不敢一探之地”。

甚至连海盗都扮演了促成此一演化的角色。当自我启程展开航向整体的整合之旅来临时，不可思议的事情发生了；命运差遣的使者都很奇怪。被海盗绑架看起来是灾难，很可怕。但当我们渐渐懂得了道理就会明白，人生的灾难往往是无意识的杰作，迫使我们的自我进入自性的新经验。因此，命运伪装成一身酒气与血腥的海盗，把崔斯坦拖出来，强迫他去到演化之旅的下一个港口。

没错，康瓦尔与爱尔兰之间有着宿怨。内在的整合动力往往以冲突展开。因此，我们初次谈到爱尔兰时，也就听说了贡品，非常恶劣的那种——三百少男和三百少女！啊，那又意味着什么呢？

无论男女，如果坚持男权心态，拒绝跟内在的阴性和解，他就会要求进贡，换句话说，当无意识有着某种强烈的性冲动时，如果我们拒绝整合，无意识就会索取贡品，形式不一，有可能是精神官能症、强迫情绪、疑病症、强迫行为、强迫妄想或严重忧郁。荣格的作品中就有一个鲜明的例子。他的一个病人，高等知识分子，一个科学家，一直坚持过着一种不要感情、不要亲密关系，也不要宗教信仰的生活。突然之间，他妄想自己得了胃癌。癌症实际上根本就不存在，但他恐惧万分。妄想瘫痪了他的身体也摧毁了他的事业。尽管理智清楚，他却解决不了自己的问题。直到他愿意整合他心灵的阴性特质——多年来弃如敝履的人类价值及精神价值——才得以缓解这些强迫妄想。而这不是别的，正是摩哈特！摩哈特剑尖底下强索的贡品。

问题其实很简单，只要我们懂得重视内在的阴性特质，知道如何到爱尔兰去和解就行了！但我们不是，我们身不由己，让无意识的阴性特质倾泻而出，于是，我们暴饮暴食，我们被情绪绑架，我们头痛。如果我们懂得更有意识地活出阴性特质，阿司匹林的销售量铁定大幅下跌。我们需要学会到阳光下散步，欣赏大地的色彩，尊重我们的身体，听到生命中的乐音，倾听自己的梦，对自己所爱的人表达爱意，然后，我们能够和解，不再看到摩哈特侵门踏户，不再有剑架到我们的脖子上。

但我们不这么做，而是死守着男权心态，困在康瓦尔走不出去。我们必须把自己既不接触又不了解的那一部分我找回来，航向深不可测的水域，尽管危险重重，然而，在神的大海上，却是不可思议的安全。

| 第四章 |

剑与琴

崔斯坦既是西方人的自我——故事中经历种种的那个“我”——也是个英雄角色。这对我们有着重大意义。对西方人来说，自我必须是英雄。唯有英雄气概才能提升自己，超越卑琐狭隘的自我中心，追求更高的理想，为自己的成长做好准备。

英雄的使命非常明确：展开内在之旅，面对龙与巨人，找出埋藏的宝藏。今日，英雄的外在角色愈来愈微不足道，既无城堡可攻又无巨龙可屠。但英雄的使命人人可得而承担，无论男或女，无论所处外在环境为何。为追求一己内在完整，人人皆有能力承受其重负。

英雄需要两样物件，一把剑，一把琴，因此，我们的故事正是剑与琴在崔斯坦内心的交响。崔斯坦以剑战斗，先是与邪恶的摩根公爵，然后是残酷的摩哈特，剑象征阳性力量所展现的锋利与勇猛。一剑在手，英雄行走世界，掌控局面，强势主动，击败对手。至于心智上，剑则是辨别分析的判断力，象征对问题与意见的明快理解与应对，是心智至关紧要的逻辑能力。

我们每个人都需要剑的力量：有的时候，我们需要诉诸逻辑与分析；有的时候，需要果断刚毅；但有的时候，逻辑与力量却使不上力，这时候就需要转而诉诸琴。

与摩哈特大战之后，崔斯坦受伤，鉴于剑对他已经不再有用，他放下剑，拿起了琴。在海上，伴着他的是琴。琴是表达感情和心情的，相当于内在的阴性特质。透过琴的力量，他表达感情，表达爱，建立关系。透过琴的力量，崔斯坦唤醒了他与舅舅之间的爱。听了他的琴，马克王喊道："你既来到了这儿，又令我们欢喜，朋友，何不长久留下，彼此亲近！"

琴，代表的是价值感的培养、善与真的肯定，以及美的欣赏；琴，可以使英雄仗剑追求高贵的理想。故事告诉我们，使我们能够投身无意识大海之旅的，是琴。

若要完整，两者缺一不可。没有剑，琴不足以成事；没有琴，剑只会成为自以为是的利器。于人类的生活领域中，人们常把这两种力量搞混，在亲密关系上尤其如此。我们就常听说，男女之间“解决问题”，动辄诉之辩论，批评，讲道理，抓语病，鸡蛋里面挑骨头，搞到后来甚至会问，婚姻中或共处时，那种自然流露的情意及恩爱怎么全都没了！这种谈问题的方式根本就是执“剑”相向，唇枪舌剑，肯定没有好的结果。

剑，无法建立关系：什么事情都解决不了，无法整合，只会撕裂。若要愈合关系，建立关系，唯有诉诸琴的语言，你必须肯定别人，表达自己的爱、感情与诚挚。千古不变的法则是：琴可以疗愈、整合，剑则是刺伤、割裂。

但话又说回来，崔斯坦完胜摩哈特，却是正确用剑的重要一课。这一点不可不知。摩哈特代表的是可怕的力量——原始的、生猛的力量——是无意识的阴性特质突然释放出来，对抗企图压制她的阳性自我。摩哈特一旦登场，那可就不是恋爱了，而是你死我活的战斗。无意识的阴性特质不仅要求在男人生命中有一席之地，还要求绝对的控制。她不仅要崔斯坦进贡，还要他臣服。

这乃是从一面倒的男权心态变成了一种同样失衡的女性心态，这中间没有婚姻，没有整合，有的只是阴性特质对另一个极端支配的反扑。如果一个男人就此投降并向她进贡，也就是说，在与摩哈特的战斗中，他的自我遭到彻底击败，那么，他就会失去自己的阳性特质，成为自己的阴性特质的奴隶。这种情形常见于某些男人生命中的某个阶段。一个向来强悍、积极进取的男人，突然遭到受压抑的阴性特质攻击，其表现出来的形式有可能是生病、沮丧，或对生活失去兴趣，突然间，成了一个喜怒无常、过度情绪化、优柔寡断的人，倒退陷入自闭及疑病，到后来，必须由妻子来替他做决定。

这在我们的故事中是一个很大的矛盾。在阳性自我尚未与阴性特质和解，未与其对立面结合之前，会先和摩哈特大战一场。对抗内在阴性的原始力量，男人要先保护自己，要把阳性自我的力量培养得足够强大，才能够平起平坐面对内在那股强大的阴性特质。

许多西方人以为，东方信仰或哲学是要消除自我，这其实是很大的误解。我们必须明白，自我是绝对必要的，是意识演化这场大戏中不可或缺的关键角色。自我的使命是要前往内在的“爱尔兰”，与广袤心灵世界中不同的意识核心结合。为了要达成这项使命，男性的自我必须是一个英雄，一个崔斯坦。而英雄的第一项任务则是强化他的阳性意识。

这就是一个男人的剑术正道。他必须用剑的力量保护一己的意识，一如必须利用琴的力量投入无意识之旅。

崔斯坦大胜摩哈特之后，何等欢喜。我们还记得，人们欢呼奔走，钟声响起，宣告胜利。这正是一个人战胜摩哈特，赢得他的男性气概时的内心写照；当下心里生出强烈的自由感，因为，他战胜了会使自己变得衰弱或依赖的力量。但欢喜归欢喜，他却是惨胜，毒刺进入了体内。

真是造化弄人！正义战胜了邪恶，因崔斯坦的大勇，少男少女获得了拯救，残酷的命运怎么又叫崔斯坦身中毒刺呢？其实，那是要把崔斯坦带到爱尔兰去。若非如此，崔斯坦永远不可能碰到金发伊索德。若非如此，崔斯坦只会重回单一特质的康瓦尔男权心态，庆祝自己的阳性优越，再也不会想要处理自己的阴性特质。毒刺提示我们，搞定内在的阴性特质才是最后胜利：每一次的胜利都是一根毒刺，纵使欢欣庆祝，失败却渗入了他的血脉。正是这一点，最后迫使一个人放下自己的傲慢自大，自动向阴性特质靠拢。

我们都看到了，崔斯坦如何放下自己，在适当的时候，以适当的方式：他放下剑，登上小船，无帆无桨，只带一把琴，孤身一人放流大海。

这是一个人的自我在生命中找不到出路的时刻，所知有限，身陷绝境，又找不到解决的方法；崔斯坦正是如此，在康瓦尔，无论他怎么找，没有人能够治愈他。一个人到了这样的时刻，不得不交出控制，崔斯坦讲过的话，我们应当还记得，他说："我要到海上去试试，那儿才有机会……去到哪一片土地无关紧要，只要能治愈我的伤。"他必须把自己交给无意识，随波逐流，直至找到一个新的意识岛屿，为当时的人生安身立命。

内在的阴性有一种极大的本领，那就是能够放下，舍得放弃自我控制，不会想要去控制别人，也不会想要控制局面，把一切交给命运，顺其自然。桨与帆的放弃意味着放下自我控制，将自己交给神。把剑留下意味着不再以理智或逻辑理解，不再强求。随身带着琴则意味着耐心等候，倾听内心轻柔的声音，因为，智慧不是来自逻辑与行动，而是来自感应、直觉、非理性与感性。

崔斯坦放流大海，琴声漂浮波浪之上。在一股超越自我理解的力量牵引下，没有人类的海图引导，崔斯坦最后来到了爱尔兰。那儿，有伊索德在等他。

II

情酒的征服

故事情节

现在我们再回到崔斯坦的故事。我们最后看到他时，他人在爱尔兰。渔民发现他漂流海上，拉他上岸，将他送到金发伊索德的宫里。尽管饱受病魔及高烧折磨，他的高贵气质及一身华服却逃不过公主的慧眼。在他昏睡当中，伊索德和母亲女巫王后对他施以奇草、魔方及咒语，崔斯坦立时感觉通体舒畅，又因为魔药使他形貌产生极大变化，居然连摩哈特的骑士都认不出他来。崔斯坦隐姓埋名，等到身体恢复强健，马上潜逃出走，寻路渡海，回到康瓦尔，马克王及宫廷上下迎接他，无不惊喜莫名。

但崔斯坦在康瓦尔有了敌人。有四名贵族心怀叵测，眼看他在众骑士中得享盛名，又最受百姓的爱戴，马克王更立他为王位继承人，对他忌恨在心。四人于是挑拨其他贵族，说：“崔斯坦一定是巫师，不然他如何能够打败巨人？身中奇毒，居然神奇地治好了自己，又安然渡海返回？如果他当了王，我们的国家岂不成了巫魔之地！”

因此，众贵族全都转而反对崔斯坦，毕竟，没有几个人懂得巫师使的魔法到底是怎么回事，更不知道善良、爱心及勇气的法力更大。于是贵族们来到马克王面前，劝他娶后生子，立为王位继承人，否则他们会群起反对到底。马克王深感为难，深思如何才能为崔斯坦保留住王位。

一日，两只麻雀飞到廷塔哲堡一扇窗前，衔来一根女人的金发，发丝纤长亮丽，放在马克王伸出来的手掌上，令王惊讶不已。随后，马克王召集众贵族前来，说他的王后非这位金发女子莫属，希望借此打消贵族的要求。但这反而令崔斯坦感到不安，为了证明自己并不贪图王位，他站了出来，发誓要找到这根金发所属的女子。“寻找定然千难万难，但我为陛下甘冒生命之危难，好让众贵族明白我的忠心。谨此立誓，定要找到王后，万死不辞。”

当崔斯坦看到那根发丝时，却不觉笑在心里，因为他想起了金发伊索德，这发丝是谁的，他心里已经有数。

崔斯坦备好了船，扬帆驶向爱尔兰。他的水手开始害怕，因为自从摩哈特死后，只要抓到康瓦尔的水手，爱尔兰王一律处以绞刑。到了怀特海汶，崔斯坦伪装商人，等待时机接近公主伊索德。一天，机会来了，恶龙咆哮横行，肆虐爱尔兰乡村，爱尔兰王立下重赏，愿将女儿伊索德许配给屠龙骑士。崔斯坦听到消息，毫不耽误，火速穿上盔甲，跃上坐骑飞奔赴战。

但见崔斯坦长枪如练，力道万钧，猛刺恶龙，恶龙喷火，烧死了他的坐骑，崔斯坦掷剑猛刺，正中巨龙没有鳞片保护的柔软喉部，深入其中，龙仆倒死亡。但由于太靠近冒烟的龙尸，崔斯坦也受伤中毒。伊索德见状，再度施以药草，将他从死亡的边缘救回。一日，伊索德带领侍女为崔斯坦做热水药浴。崔斯坦泡在水中，正在享受，她开始擦拭他的盾牌，清除他剑上的龙血，有如仆人服侍贵宾。突然间，她的眼睛定住了，在剑刃上发现一小小缺口，脑中轰然一响，打了一个寒战。她找来那片保存于圣物箱中，从她舅舅摩哈特头上取出的碎钢片，一比之下，正好与崔斯坦剑上的缺口吻合。一切真相大白。伊索德喊了出来："你，就是崔斯坦，杀死我舅舅的人！"举起他的剑正要置他于死地，但崔斯坦语气平和地开口了，伊索德挣扎于爱的希望与复仇的誓言之间，住手不动，听他说下去："公主啊……一天，两只麻雀飞到廷塔哲堡，衔来一丝你的金发，我认为它们为我带来的是善意及和平，所以我渡海来找你，甘冒恶龙及其毒烟之险。你瞧，你的发丝就缝在我徽章上的那些金线中间，金线已失去光泽，但你的金发依旧闪耀。"听了这番话，伊索德放下手中的剑，审视他的徽章，找到了自己的金发。她沉默良久，然后，亲吻他。数日之后，崔斯坦站在爱尔兰国王与王后及所有爱尔兰贵族面前，揭露自己的身份，并献上马克王所赠厚礼，告诉他们，他以屠龙偿还了摩哈特的血债。请求他们将伊索德嫁给马克王，成为康瓦尔的王后，两国永结盟好，再无争战。国王与众贵族闻言尽皆欢喜，收下厚礼，为伊索德公主这份荣耀而喜悦。

金发伊索德深感失望、痛苦。如此这般，崔斯坦赢得了她，却轻蔑她；动人的金发故事只是一个谎言；他把她交给了另一个人……就这样，出于对马克王的爱，崔斯坦连骗带抢地把金发王后弄到了手……

他来到爱尔兰，他夺人所爱……要诈使她与母亲及家乡分离，却不是自己要拥有她，而是把她当作猎物带走，斩浪越海，到敌人的国土去。

女巫王后采集花、草及根，以酒浸泡，并施以魔咒，使之具有魔力：凡人一同喝下此酒，便将时时刻刻心心念念相爱，但药效只有三年。王后将情酒秘密交给伊索德的侍女布兰琴，嘱咐她要在马克与伊索德新婚之夜两人独处时端出酒，让他们饮下。

一切准备就绪，伊索德登上崔斯坦的船，起锚航向康瓦尔。无奈海上无风，只得在一小岛下锚，众人尽皆登岸，只留崔斯坦与伊索德及一小女仆。正当其时，伊索德独自一人待在甲板上的帐篷里，思念家乡，哀哀哭泣，崔斯坦闻声，前去看她，柔声安慰。她却别过脸，连正眼都不瞧他，也不回他的话。

崔斯坦屠龙为舅舅求婚，伊索德对崔斯坦心生爱意，很痛苦

当时，日头火热，两人使唤仆役送来饮料，小女仆四下找寻，于一隐秘处觅得一瓮水酒，甚为清凉，便携来呈上。因为实在太渴，两人畅饮佳酿。

几个小时后，女侍布兰琴发现崔斯坦与伊索德仍然坐在那儿，四目相对，款款深情，如醉如痴。看到两人面前的酒瓮，一股寒意打心底升起，正是那壶情酒！

连着两日，情酒在崔斯坦血脉中发酵，备受情爱煎熬，时而有如针尖刺体，时而有如花香弥漫，伊索德的影像总是萦绕眼前。终于，到了第三日，他去到甲板伊索德的帐篷。

“请进，主人。”她说。

“明明你是王后，为何叫我主人？”他说。

“不。”她说：“因为，尽管非我所愿，我才是你的奴隶。多希望你从未来到我们的海岸！多希望我那时就让你死了，不曾医治你！但当时我不知道……不知道自己怎么会那样痛苦，日日夜夜。”

崔斯坦凝视着她，犹如见到光明。“伊索德。”他轻声细语说：“你不知道什么？伊索德，是什么令你痛苦？”

“对你的爱。”她说。于是，他吻她，拥她入怀。布兰琴正好进来，目睹一切，叫喊出来：“不可以，你最好赶快回头……但是，哎呀！已经回不了头了。因为爱与他的力量已经套牢了你，从今而后，非经痛苦，你将不知喜乐为何物……这全都要怪我及那只杯子，你们喝下去的不只是爱，而是爱与死亡的综合。”

但崔斯坦搂着伊索德，内心的情欲高涨超乎寻常，他说：“啊，那么，就让死亡来吧！”

语音刚落，风起了，帆张满，轻舟破浪，疾行如箭。暗夜未央，恨不久长。但见船行呼呼有声，逼近康瓦尔海岸，两人如胶似漆，浑然忘我。

| 第五章 |

酒

崔斯坦与伊索德饮下情药的那一刻，恋爱也就永远进入了我们的人生——因为，崔斯坦是西方人，他的人生也就是我们共同经历的爱情。他那因酒而得的狂喜，标明了将近一千年前的那一刻，恋爱之风吹起，进入我们的文化，开始慢慢演化，历经好多个世纪，我们对于“恋爱”的现代概念于焉形成。

换一个新的角度，我们这就来处理一下这瓮情酒。这酒，我们全都尝过，全都嗜之如命，沉醉其中；现在，不妨有意识地来加以审视。由于这酒的药性极烈，处理起来，务必郑重。因此，且在这里暂停一下，针对我们所谓的“爱情”，先给出一个更清楚的说法。

在我们的文化中，只要是说到男人与女人之间有了情爱，人们毫无区别地都会用上“恋爱”一词。一对男女有了性关系，人们会说他们“在恋爱”。一男一女彼此相爱，打算结婚，人们会说这是恋爱，但事实上，他们的关系或许根本就不是“恋爱”。那或许是出于爱，但与恋爱全然有别！或有一女人说：“真希望我老公能够回到恋爱那时候。”但她的意思无非是说，希望老公更关爱她、对她更体贴、用心。我们都以为，恋爱就是“真爱”，而且深信不疑，因此，把这个词用在许多根本无关恋爱的事情上。我们以为，只要是爱就一定是“恋爱”，只要是恋爱就一定是“爱”。

每当说到“恋爱（romance）”我们就说是“爱（love）”，这显示我们的语言底蕴大有问题。这种语言上的混淆是一种症状，表示我们对什么是爱、什么是恋爱，以及两者之间的差别丧失了有意识的认知；把我们内在两个重大的心理体系混为一谈，这对我们的生活与亲密关系有着严重的负面影响。

多数人都知道，有些夫妻的爱不曾经历“恋爱”阶段。他们或许一开始只是朋友，彼此认识很长一段时间，却止于泛泛之交，从未有过恋爱的激情。他们只是彼此喜欢，决定共同生活。还有一些夫妻，以轰轰烈烈的恋爱开始，最后却落得相敬如“冰”。像这样的夫妻，他们不再期待完美，宁可维持一种一般人的关系，不再指望恋情的炽热。

恋情已经成为过去，我们很难想象他们之间还会有任何爱，或至少值得珍惜的感情。但这些人通常有着我们其他人一般所缺少的特质：爱、接纳、稳定与忠诚。在我们的文化中，恋爱所在多有：我们相恋，我们失恋；我们演出人生的大戏，恋情火热时，欣喜若狂，恋情冷却时，伤心欲绝。审视我们自己及周遭人的人生，我们了解，恋爱并不必然转化为爱，或接纳，或忠诚。关于恋爱，人各有别，自成一格，各不相同。

接下来，我们就以此为探讨的起点：恋爱，并不是爱的本身，而是一种对爱的心态——不由自主的感觉、想法与反应。如同崔斯坦，我们饮下情药，着了魔：直觉反应，强烈情感，意乱情迷。

在我们西方社会，恋爱成为一种理想，始于十二世纪左右——崔斯坦饮下情药的时候。起初，这种文化现象被称为 courtezia，英文是 courtlylove（宫廷爱情）。“宫廷爱情”建立在一种全新的爱情观和关系上，在当时某种宗教理念的影响之下，男女之间一种“精神上的”关系。宫廷爱情是一种解药，对症则是我们在崔斯坦的世界中所看到的男权心态：将阴性特质理想化，教导崔斯坦这类大而化之的骑士，让他实实在在地仰慕那共有的阴性特质，亦即那个他所呵护、爱慕的金发伊索德所象征的。崔斯坦饮下情酒之后，我们所看到的就是这种仰慕；但我们都明白，他眼睛之所见并非伊索德本人，而是某种在她身上体现出来的神圣美感，对他来说，她是某种绝对的、超凡的象征。

宫廷爱情自有其法则，在一切涉及爱、关系、礼节及品味的事情上，每个骑士对自己的女人无不百依百顺。在她的生活天地中，她就是他的女主人、他的女王。

要了解宫廷爱情，必须先明白三项特质：首先，骑士和他的女人对彼此并没有性欲。爱是一种理想化的精神关系，旨在提升两人超越肉体的层次，培养纯美的感情与灵性。第二个要件是，两人不能结婚。事实上，女方通常已经嫁做人妇，是另一贵族的妻子。骑士仰慕她，服侍她，只是把她当成精神与理想的化身，绝不与她有亲密关系，因为若是那样，便是将她当成一般凡俗的女人在对待。宫廷爱情别有向往，在他心目中，她是神，象征永恒不变的阴性特质，以及他自己内在的阴性灵魂。第三要件则是恋人炽热的情感始终不变，纵使为强烈的情欲所苦，但在彼此眼中，双方都是美好典型的具体象征，凡俗的性或婚姻，在他们看来，徒然使爱情降格，他们通过这样的体会认识，将情欲加以升华。

宫廷爱情的理想深深抓住了西方的想象力，成为创作诗、歌、爱情故事及戏剧的巨大推力。法国人将爱情故事称为 romans，后来成为英文的 romance。这些爱情故事中，所有动人的主题都成了西方浪漫文学的根基。骑士邂逅佳人，倾心于她的美与善，惊为天人，俨然是自己心目中的理想化身，是自己朝思暮想的永恒女性。尽管满腔恋慕之心，但他绝无染指于她的念头，而是冒险犯难，成就大事，以荣耀于她，提升自己因她而企求达到的高度。对他来说，她不是一个女人，她是布朗瑟芙勒，是金发伊索德，是赛姬（Psyche），是碧翠丝（Beatrice），是朱丽叶——完美女性的原型。

在西方，因有 romance（恋爱，本意“爱情传奇”）才有 romantic（浪漫）一词及浪漫理想的出现。恋爱（romantic love），是“故事书”之爱。但这是一个故事，一种我们在现实世界中全都想要用自己的方式实现的人类关系与实践。在性方面，不论我们如何演化，也不论现代人动辄把各种关系都扯到性，我们在恋爱中所寻求的基本心理范式还是同一个：女人不只是一个女人，而是某种完美无瑕神圣非凡的象征，她所点燃的感情超越肉体的吸引，超越爱，达到一种信仰的境界。恋爱中，我们寻求的是“精神上的”强烈感受，狂喜与绝望，聚则欢喜，离则伤悲。同时，如同昔日的骑士，我们也体会到，所有这一切不仅提升了自己也带来激励，为生命带来了新的特殊意义——一种随着布朗瑟芙勒的死亡而丧失，但我们希望能够在金发伊索德身上找回来的意义。

膜拜爱情，但摆明了不要婚姻，鼓励婚外感情，追求亲密关系的精神化，不求凡俗的厮守，但求天长地久，我们想都想得到，这样的爱情，对婚姻来说，无异建筑在沙滩上，就人类的亲密关系来说也是朝不保夕。然而，偏偏就是这种理想，塑造了我们的爱情与婚姻范式，直至今日！这种延续的理想，就不好的一面看，其追求的无非是自身的激情与快意，犹如种下永无实现可能的完满，所追求的根本就是空中楼阁。时至今日，这种不完满笼罩每一桩现代亲密关系，眼中但见无法达成的理想，使我们常常迷失于当下世界的欢愉与美好。

此一源自文化体系的理想根深蒂固，难以撼动。有朝一日，我们发现，身为人，我们竟然完全受到一种信念的支配，别无选择。从小说及电影，从我们周遭的心理氛围，我们将之吸纳而入，成为自己的一部分，与身体的细胞融为一体。大家都知道，我们会“恋爱”，我们的亲密关系必须以爱情为脚本——不多也不少。每个男人都知道他理应体验亲密关系，女朋友或妻子会对自己有所期待与指望，而所有的细节则铭刻在他的无意识心智看不见的层面。这就是“恋爱”。

对于老祖宗传下来的这档子事，我们尽管多有误解，甚至误用，然而爱情自有其真实不变之处：爱情动人心弦，令人紧张激动，此其一；骑士行事高尚，佳人美丽善良，无畏牺牲、锲而不舍、忠贞不贰，至死不渝、此其二。在爱情所向往的境界中，有一深层的心理真实回荡于我们的胸臆间，唤醒我们为所当为，以及自我之所以完整的期许。听了这些古老的浪漫爱情故事，若非铁石心肠，无人不为之动容，因为，这些爱情、冒险及牺牲奉献所彰显的全都是高贵、慈爱、坚贞，以及我们内在最崇高的自己。

我们固然要看恋爱不好的一面，但不妨也看看好的一面。就恋爱最纯粹的形式来说，是一种具有巨大能量的理想，这类的理想，每一个都有其深沉的内涵，那不只是理想，还是心灵的窗口，是在传达我们内在的真实与生命，传达那些我们可以实践的存有。我们或许误解了理想背后的真实，也或许经历过它不好的那一面，或曾将之放在不对的地方，但至少我们因此充实地活过，并得以更接近完整。恋爱的真实，以及如何实现此一真实，我们这就来探讨一下。

客观看待恋爱，很困难，也很痛苦，因为，我们害怕真相会容不下爱，如此一来，生命将变得冰冷荒芜。但现代人必须先了解，爱，是亲密关系的基础，恋爱则是一种内在的理想，是通往内心世界的道路，两者是不相同的。爱，不会因为没有恋爱的信念而有所减损。唯有把爱与恋爱分别看待，爱的地位才得以彰显。

荣格引述过一个中古时期炼金术士的话：“唯有分开，才得以充分调和。”两物相混，必须先予以分开、区别，使不纠结，接着将两者再放到一起才得以有效结合。心理学上的“分析”指的就是这个意思；分析者，把一个人内心生活纠结的线络，如混乱的价值观、想法、责任及感觉等，一一拉开，唯有如此，才能够赋予新的整合。我们分析爱情，不是要将之摧毁，而是要了解它的本质，以及它在我们生命中的位置。分析，无非就是为了综合，为人生解决问题；凡分开的，都应该摆回去再放到一块。

女巫王后在情酒里混入了神奇的成分，有异草，有符咒，有魔力。布兰琴甚至说，女王混入的“不只是爱，而是爱与死亡的合体”。我们全都尝过这种佳酿，如醉如痴，飘然而入另一个世界。我们全都恋爱过，但现在且让我们当个炼金术士：把酒的成分加以分离，把药草及魔咒提炼出来，我们将会发现，在我们的心里到底混合着什么样的巨大力量，揭露其中的人性与神性之爱。

第六章

情酒

地老天荒，你是我存在的理由；
对你的仰慕，无异于我的信仰……

这是一个爱的故事，没有其他的爱足以比拟，
使我明白，一切的好，一切的不好；
给我的生命带来光，后来却将之熄灭啊！
何等黑暗的人生！没有你的爱，我活不下去。

——卡罗斯·阿马朗（Carlos Almaran），
《爱情故事》（*Historia de un amor*）

喝下情酒之前，崔斯坦只是一个骑士，满脑子都是自己已经完成了国王的任务：追猎远方的公主，手到擒来，荣归故里，献给国王，指望自己的名望将因此更上层楼，受到更大的尊崇。但饮下这神奇的酒之后，他凝视着伊索德的眼睛，犹如“灵魂出窍”，他

的整个世界为之颠倒。在此之前，他始终忠于他的王，但此刻，突然间，责任云云全都在他激情的高热下化为灰烬。之前，他一心一意追求的，无非成为一个在康瓦尔扬名立万的骑士。这一刻，他心里想的却是愿意付出一切，甚至生命，交换伊索德怀中的一夜。他听到了布兰琴的警告："这样下去，唯有一死！"但他的心与舌俱已沦为激情的俘虏，脱口而出回道："那么，就让死亡来吧！"

至于伊索德呢？喝下情酒之前，她恨崔斯坦，他不但是手刃她舅舅的凶手，而且还扼杀了她的自尊，他征服她，赢得她的芳心，然后又背叛了她。但那一刻，当酒液流过血脉，她却说："您知道的，您是我的主人，我是您的奴仆。"

这一幕我们再熟悉不过，在自己的人生当中，我们也曾经历过，尽管这里面透着一些怪异。崔斯坦与伊索德"相恋"，但我们却怀疑他们对彼此是否真心。他们着魔了，意乱情迷——但那却不是他们的自我，而是酒性作祟使然。他们的"爱"不是一般人的爱，不是那种彼此相知的爱。这个象征说这爱是"魔幻的”“超自然的”——既非出自个人，也非出自自愿，而是外力介入，使这一对恋人身不由己。这让我们想起人们常说的一句话：“他俩爱上了爱（they are in love with love）。”

神话告诉我们，恋爱和情药有着相同的性质，但情药既是自然的也是“超自然的”。一方面，酒与草本是来自凡间，象征爱情世俗的一面，另一方面，却是下过咒施过法的。这些象征之于爱情，又意味着什么呢？

我们都知道，恋爱里有些什么是说不清楚的。当我们审视那些在内心横冲直撞的感情时，我们明白那并不止于情爱或性的吸引，也不是我们在稳定的婚姻及亲密关系中常看到的那种安静、真挚、不浪漫的爱情。恋爱多了一点东西，有什么不一样。

“恋爱”时，我们觉得完满，仿佛把自己丧失的部分找了回来；我们觉得提升了，仿佛突然间升高到超越了一般世界的层次。人生变得充实、灿烂、狂喜、完满超脱（transcendence）。

恋爱中，我们在爱里寻求归属，升至云端天际，在爱里寻找终极意义及完成。我们寻求完满、整体的感觉。若问，除此之外，这些感觉我们要到哪里才能找得到呢？答案不免令人震惊苦恼，没错，那就是宗教信仰经验。我们寻求某种高于自我的完美境界，一种内在的完整感与统一体，努力提升自己超越个人生命的渺小与卑微，达到某种超凡与无限，这是一种精神的追求。

这里，我们碰到了令人困惑的矛盾，恋爱居然与精神的追求，甚至与信仰本能有关，但这其实并不令人惊讶，因为我们都知道，宫廷爱情，早在许多个世纪前萌发时，就是以精神之爱的形式孕生，一种精神上的爱，将骑士与佳人的爱精神化，将他们提升，超越一般凡俗，通往另一世界，灵魂与精神的世界。爱情的形成，以精神追求为导向；无意识地，在今日的恋爱中，我们诉求的也如出一辙。

在情药的象征中，我们一头撞上了现代西方生活中最大的矛盾与最难解的谜：我们不断追求的爱情，居然不只是人类的情爱或人类的亲密关系而已，也是在追求一种信仰经验，追求一种完满。这正是情药的魔力、巫术及超自然等象征的意义。自我心智的眼界之外另有世界，亦即心灵的领域，无意识的领域，是灵魂与精神活动之所在，是我们西方意识心智所不熟悉的。灵魂与精神乃是我们的心理现实，活动于我们所不理解的心灵中。也就是在那里，在无意识中，神存在着，其为神，或无论为谁，就我们来说，就是个体。在另一边，亦即无意识里面，所有的一切，就自我看来，都是人类固有领域以外的东西，因此，都是魔幻的，是超自然的。对自我来说，另外那个世界的经验就等同于信仰经验；信仰的驱策，信仰的向往，其实都意味着自我世界之外的那个生命——存在于无意识中，以及广大不可见的心灵与象征中——追求生命的完整与自性的完整。

我们的故事里，所有这些象征的意义在于此，打开恋爱之谜的神秘钥匙也在此。

且让我们回到崔斯坦的多桅帆船上去；那儿，崔斯坦整个人因情酒而欲望焚身。在他的心目中，这一身炽热又是什么？伊索德就在他身旁，但他的目光却聚焦于远方——聚焦于无限！他看到的，不是伊索德，而是一个幻象。他四肢颤抖，为的是什么？如果我们去到圣十字若望（Saint John of the Cross）的斗室中，便可以看到相同的眼神，那种陷入冥思的眺望。如果我们远渡重洋到印度的庙宇，在湿婆（Shiva）[①] 的祭坛前，也可以看到同样的狂喜颤抖。这样的本能，这样强烈的炽热，目的皆同，那就是完满超脱。

恋爱与精神上的向往始终密切相关，这本来至为明显，毋庸赘言，但我们却转移了焦点，无视此一明显的事实。近在眼前的事情，往往视而不见。但只要用心看看浪漫时期的爱情故事、诗与歌就会发现，恋爱中的男人都把女人当成一个普世象征，某种内在的、永恒的、超脱的存在。在女人身上，男人所看到的意象，使他觉得自己终于实现了自己，他看到了生命全部的意义。在她身上，他看到一种特殊的存在，

① 湿婆，印度文明的瑜伽之神，也是生殖之神。最初，湿婆并没有固定的样貌，后来，梵天将湿婆分成两半，一是湿婆男尊，另一个是女尊，世间从此有了两性的差异，男女是彼此的另一半。根据印度神话，湿婆男尊后来娶萨蒂为妻。萨蒂因父亲及众神侮辱湿婆，竟至怒火中烧焚身而亡，湿婆闻悉，跳起毁灭之舞，杀尽众神。——译者注

觉得自己因此而得以整合、高尚、完善、提升、升华，变成一个新的、更好的、完整的人。

这样的爱，伟大的浪漫诗人颂扬不遗余力。崔斯坦时代，吟游诗人与骑士歌颂这样的爱，不像我们自以为精明理性，他们完全明白自己在恋爱中追寻的是什么。他们宁愿不把女人当作女人，而将之视为永恒女性的象征，视为灵魂、神圣之爱、精神升华及完整的象征。我们或许会辩说，对女人来说，这样的愿景并不公平，将女人视为某种象征而非她本来的面目，将女人打造成男人永恒愿景所塑造出来的偶像，对女人是推崇还是贬抑。但讲到这一点，我们不妨看看，事情本来如此。

从本章开头引述的墨西哥情歌中，我们不难发现，寥寥数行，一切尽在其中。歌词直白，歌者娓娓道出了我们往往不承认的情怀："地老天荒，你是我存在的理由；对你的仰慕，无异于我的信仰。"当一个男人生出这样的仰慕，当其所爱具有"给我的生命带来光"，或将之熄灭的力量时，我们已经为自己所爱赋予了神的形象及象征。

关于恋爱，这是最简单、最直接的描写。恋爱的内涵其实就是精神理想的追求；在恋爱中，西方男人不由自主地无意识追求，其实是在追求他自己内在灵魂之向往。西方男人完全不明所以，卷入一种完满的追求，却又身不由己，无所逃于共同的永恒愿景。但追求云云，愿景云云，都是通过爱情这面透镜所看到的女人形象。

古代男人公开颂扬，甚至将之当成理想的事情，现代男人却不承认，为什么？关键在于，在现代生活中，我们不曾有意识地给精神理想留一个位置。我们视之为过时，不了解它，不承认它。关于完满，我们一点兴趣都没有——我们感兴趣的，无非制造、控制及权力；我们不相信精神——只相信肉体及性。但我们对灵魂的要求却不由自主地自寻出路，找了一条我们连正眼都不瞧一下的道路——通往爱情的奉献、理想、狂喜及绝望、激情及奋斗。在现代文化中，我们没有其他通路及形式可以安顿自己，我们的信仰本能几乎完全遁入秘密处所，一个容许秘密存在的空间：恋爱。除了“恋爱”时，我们之所以觉得生活毫无意义，关键在此；在我们的文化中，爱情之所以成为最强大的心理力量，关键也在此。

神话之所以充满矛盾，因为现实本来矛盾。在希腊文里面，paradox（矛盾）意为“反对意见”，意思是，矛盾抵触我们对现实的看法。我们总以为自己什么都知道，因此什么都了解；真正的矛盾令人痛苦，原因在于此。矛盾与我们的偏见冲突，挑战我们的主张，与我们的集体“真理”唱反调。我们说神话是“童话”，贬之为儿童读物，关键在此。所以，一讲到神话，我们就说那无非是原始不成熟的心灵编造出来的空想。如果我们认真看待神话，视之为现实的陈述，我们将会发现，我们习以为常的老生常谈，我们对“事实”的固定看法，全都会变成令人困扰的问题。到神话中寻找智慧，乃是回归心灵的根本材料。梦和神话的象征，其目的和心理上的角色是在剖开“已知”，告诉我们一些来自无意识的新东西，所以才让我们觉得是矛盾的。用梦或神话的诠释来印证自己根深蒂固的看法，那就有问题了。来自无意识的象征，告诉我们的不是我们已经知道的事，而是在教导我们尚未学到的东西。

情药也是如此。把它说成是未开化的十二世纪凭空想象出来的迷信，岂不简单！情药的矛盾，还排不上第一位。最有争议的是这一点，亦即我们的信仰本能，我们对“非尘世”（otherworld）的无意识追求，为恋爱赋予了魔力、非凡俗的高度，以及他世的盼望。违反常识，莫此为甚。

我们自以为知道恋爱，其实一无所知；我们自以为完全了解，其实它讳莫如深，难以理解；我们自以为可以控制它，实际上是它在支配我们。我们的文化为我们准备了一整套的恋爱法则，我们也就无意识地自动接受，从来不加以质疑，若有人真的这样做了，我们反而会不痛快。但这里我们面对一个无法回避的矛盾，亦即恋爱所要体验的是一种“非尘世”的爱，在强烈纯粹的狂喜中完成自己——得到心理上的完满，沛然充实，不枉此生。

谈到这里，如果还有所不解，那就讲到重点了；恋爱本来就是难解的谜。它是一股巨大的能量，涌自无意识的未知之境，来路不明，去路难测，来自我们对自己不认识、不了解的部分，又无法化为常识。一如情药，爱情来了，我们根本身不由己，想挡都挡不住，整个生活天翻地覆，轻重缓急重新安排，宝贵的计划摆到一边，放弃了自己的信念，丢掉了自己牢牢守住的生活方式。

正是爱情这种失控的特性，让我们得以一窥其真正的本质。

“恋爱”来时，排山倒海、狂喜忘我，这样的人生大事，其根源竟在于心灵的无意识层次。爱，不是自己“主动”，无法控制，也非自己所了解，所有这一切，就只是事情发生了而已。

西方男性的自我，在应对恋爱时往往大有问题，关键在此。严格说来，就是“失控”。之所以失控，在于我们的无意识作祟，私底下希望因此而得以忘我，得以超脱自我世界的狭小局限。而挣脱束缚，超越自我心智，则是我们所寻求的“信仰经验”。西方男人从小就被教导，身为男性，无论内在或外在，必须都要能够掌控。人生中，为打破这种控制妄想，迫使男人明白有些事情是他无法了解和控制的，就只剩下一种力量，那就是爱情。对于西方男人的这种控制妄想，宗教与教会早已不构成威胁。对于宗教，在男人的心目中，不是将之视为陈腔滥调，就是根本抛到九霄云外，至于灵魂的追求，既不诉诸宗教信仰、精神修持，也不在于内心生活：超越、神秘、启示之寻求；他诉诸的是女人，他要的是恋爱。

我们这个时代对信仰带有成见，部分原因在于，对许多人来说，信仰已经不再有太大的意义。荣格则为我们开辟了一条道路，回溯宗教的根源——灵魂，一种心灵经验，也是一种现实存在。他发现，每个人的心理架构中都有着独立的“信仰”机制。但这并不意味着一定要信奉某种教义或信条，而是每个人天生都有着寻求生命意义的心理冲动。人具有一种直觉，视自己为完整的个人，把终极的生命意义视为彻底的自我实践。在荣格眼里，大多数西方人，尽管意识上只相信物质及理性，但在梦里、在幻想里，却充满着人们在宗教信仰生活中所追求的象征——唤起整体感的象征，以及向往大于自我世界的象征。

我们不妨套用地理概念来看一下心灵，用一种新的方式来理解生活中信仰的一面；讲的同样是信仰问题，只不过用另一种术语。在我们看来，自我，亦即所谓的意识心智，就像是广大心灵海洋中的一座岛屿。其外，在那个存在的海洋中，在自我世界的界限之外，在自我世界的所知所见之外，是我们整个自性失落的部分。我们是心理的载体：占据我们的整体较大部分的，并不是肉体而是心灵，心灵的绝大部分则是在无意识中。不同于一般的心理学概念，我们整体未知的及无意识的部分远远大于意识的部分。我们寻求意义、整体或完满，但不是在小小的自我世界中。我们明白，自我世界之外的范畴更为广大，而且大得多，只不过既不知道要往何处去寻，也不知道要找的是什么。

我们所要寻找的，以象征的方式显现，自心灵深处涌出，一如古人所称的 imago dei：神的形象。神的形象（god-image）自心灵涌现，将深植我们内心的那股追求完整与统一的冲动显现出来。这种自发升起的形象，是我们的向往压印出来的，是直觉的根源感知到了某种高于自我的东西，将一切生命与一切现象汇聚到了一块，向我们揭示生命的意义。于是，我们内心生出知觉：统一的愿景是可能的。

荣格告诉我们，深入自己的无意识探索，这个需求一如我们需要有信仰生活。在古时候，这是众所周知的：

“了解人是圆满之始，了解神则是无限完满。”亚历山大城的克莱曼特（Clement of Alexandria，150-215，基督教神学家和哲学家）在《导师》（*Padagogus*）中如是说：“由此看来，所有修持中最重要的就是了解自己；因为，当一个人了解了自己，也就了解神。”还有，莫尼穆斯（Monoimos）在写给狄奥弗瑞斯特（ieophrastus）的信中说：“从你自己身上寻求祂，了解它之所以为它，可以了解自己内在的一切，亦即，我的神、我的精神、我的悟性、我的灵魂、我的身体；洞悉悲喜，洞悉爱恨……可以瞋而不怒，爱而不恋。还有，若深入探索以上诸事，便可以在己身之内找到它，其为一，也为多。”

——荣格《艾翁》（*Aion*，第 222 页）

在以前，西方人通过宗教信仰，通过冥想，在具有象征力量的仪式中，在历史性的教堂，在启示性的经文、圣徒、信众社群的意象中，体验神的形象。但时至今日，在神的形象上，许多人已经丢失了传统的载体。如果我们问自己为什么会这样，部分答案就在崔斯坦的故事里：男权心态在我们的社会有其固有的传统，不遗余力地鼓励人性中的阳性特质，牺牲了阴性，也牺牲了整体，其心灵之封闭，几乎容不下其他。我们压抑无意识，压抑情感，压抑阴性，也压抑自己的灵魂。我们唯有一处脆弱，唯有一处，我们的灵魂可以突破我们今天的铠甲，那就是爱情。

情药的意义在于，挟爱情之力，超自然世界突然闯入了自然世界。烈火自天而降！灵魂与精神世界，心灵中沛然莫之能御的信仰潜力，猛然间闯入了人类寻常关系的世界。我们渴望已久的一幅心像，终极的意义与统一，突然间以另一种人类形象在我们面前展现。

我们用本能追求完满，并将之完全投射到我们的爱情，这可是天大的一项发现。我们将神的形象搬出庙宇，搬出天庭，突然间将之放回到我们中间，将之安奉到两个人的关系中。这是人类本能难以思议的大逆转，是人类能量重大的回流，而这一切都是在情药的魔力中完成的。在两情相悦中，在某种力量将我们全然征服之下，我们重新找回了自己的信仰生活。一旦陷入“恋爱”，世界光明灿烂，充满意义，所有这一切，绝非凡人所能成就。但当“失恋”时，世界瞬间黯淡，叫人空虚不已，纵使我们与那个曾经为我们点燃狂喜的人仍然生活在一起。

在两人的关系中，男人与女人之所以相互要求严苛，关键在此，因为，我们的无意识深信不疑，这个人虽属一介凡人，却会尽其所能使我们的生命合一，使我们幸福，使我们的生命有意义，活得热烈，拥有狂喜。有人曾说：“智慧始于看清真相。”如果我们停止啜饮情药，时间足够长久到能认清那本质上只是一个象征，或许才能让我们觉醒，看明白一切。接下来，我们就继续崔斯坦与伊索德的神话之旅，和他们一同经历所有饮过此酒的天下有情人的故事。我们将会更清楚地看到，我们是如何将自己的精神向往——

我们追求神性的内在冲动——和人类的亲密关系混淆一块。爱情之谜背后的秘密尽在于此：人类的精神向往与亲密关系，我们活在其中，我们奉若神明，这两股巨大的能量一经情酒混合，美味至极，也危险至极。

| 第七章 |

金发伊索德

在我们的旅程中，我们会遇见许多内在阴性，并发现每个角色在男人的心理及爱情中都起着作用。我们已经遇到过布朗瑟芙勒，象征的是男权世界中的女性命运。接下来是金发伊索德，现代世界中最有力量，同时也是随处可遇的女性，或许，正因为如此，也是最难以理解的。

神秘岛的公主，女巫王后的女儿，精于法术及精神奥秘，伊索德既是女巫也是寻常女人，既是人也是神。她是内在永恒女性的理想，是男人心灵中的女神，是美与完美的化身，唤醒男人对生命意义的追求。

对于我们心灵中的这个特质，荣格取了一个特别的名字，称之为阿尼玛（anima）。在拉丁文中，阿尼玛的意思是“灵魂”（soul），因为荣格发现，阿尼玛所象征的心灵部分正是我们常说的“灵魂”。金发伊索德经常出现在男人的梦里及神话中，形象往往美丽绝伦，有如女神。崔斯坦饮下情药之后，在伊索德身上看到的，也正是自己内在的一部分。在她的身上，男人觉得自己找到了生命的意义，找到了完满、整合及狂喜。

男人的内在阴性原则，最重要的一条是接纳原则（principle of relatedness）；但阿尼玛对男人所做的接纳相当特别：她所象征的接纳，是男人对自己内在的自性，对自己心灵的内部领域及无意识的接纳。不寻常的是，她离间男人对其他人的接纳，一如她对待崔斯坦，她破坏他对舅舅的忠诚及他的责任感。在我们成长到某个程度时，我们对自己灵魂的接纳与我们对人类人际世界的接纳，两者是严重冲突的，对意识构成严酷的考验。

女人的内在心理结构异曲同工，荣格称之为“阿尼姆斯”（animus）。一如阿尼玛是男人的灵魂，阿尼姆斯是女人的灵魂。阿尼姆斯通常将自己视为一股阳性力量，在女人的梦中以男性人物出现。女人接纳自己的阿尼姆斯的方式，不同于男人接纳阿尼玛，但男人与女人有一点是相同的：爱情不外乎灵魂意象的投射（projection）。一个女人恋爱时，那是她的阿尼姆斯投射到了出现在她眼前的男人身上。当男人饮下情药时，他看到的则是阿尼玛，亦即他的灵魂投射到一个女人身上，和她合体。

只有儿子在他的心灵领域中看到的意象是……女儿、姊妹、爱人、女神及地府女妖时，投射才会停止。灵魂所投射的意象无所不在，超越年龄，此一意象相当于男性最深层的实有，不由自主地，每一个母亲及心上人都会成为这种无所不在、超越年龄意象的载体及化身。那是属于他的，危险的女人意象；她容许他有的时候为了自身利益不得不放弃忠诚；她是一切冒险、奋斗、牺牲以失望结束时的补偿，是生命所受一切苦楚的抚慰。同时，她又是幻术大师，是引诱高手，用她的玛雅女神（Maya）引诱他，不仅引诱他进入人生的理性面及功能面，也进入可怕的悖论和矛盾：善与恶、成功与毁坏、希望与绝望，彼此相互抵消。由于她所要求于他的是他的极限，所以她是他最大的威胁，如果他衷心接受，她也会加以接受。

此一意象即是“我的女性灵魂（My lady Soul）”。

——荣格，《艾翁》（par. 24）

我们西方世界有一独特的发展：我们对灵魂不再有任何概念。

若问灵魂是什么，我们的脑袋一片空白。灵魂一词唤不起任何感觉及形象；在我们的感觉及生活里，我们完全讲不出个名堂，说:“那是我的灵魂——她在那里。”那是哲学家、神学家及诗人才会讲的话，至于我们，不知所以，而且私底下根本怀疑他们也一无所知。灵魂云云，已经成了一种比喻，一个抒情的字眼。

荣格心理学让我们重识，灵魂是一种具体的实存，是可以直接理解、描述、体验的。这里是古老宗教生活与原型心理学（archetypal psychology）的交汇点；两者都证明灵魂真实存在，也都知道唯有透过灵魂我们才能找到无意识，亦即那超越自我，不受其狭隘视野局限的内在生活。

荣格谈到的灵魂三事，可以当作这趟崔斯坦与伊索德之旅中的向导。首先，灵魂不是比喻或迷信：灵魂是心理的存在，一种心灵器官；活在我们的无意识里面，但深远影响我们的生命。灵魂是自我之外的无意识部分，无形无状，但通过无意识跟自我的协调。

荣格说，灵魂“既是接收端也是发送端”，其为心灵器官，接收无意识的意象并将之发送给自我心智。

其次，灵魂及无意识，通过象征表现自身：来自无意识的意象，其形式为梦、幻象、幻想及各种形式的想象。荣格为我们发现了至关要紧的事：我们丧失了对灵魂的感知，因为我们丧失了对象征的尊重；现代人的理智训练教导我们，凡象征皆为假象。我们说：“那只是你的想象而已。”却不明白，所有我们自身遗失并渴望找回来的部分，那条“失落了的通往天堂的小道”，一直都在用我们忘记了的灵魂语言——来自梦与想象的象征及意象——在跟我们磋商事情。

第三，以男人来说，灵魂的象征是女人的意象。如果男人意识到这一点，而且知道自己用女人的意象作为自己灵魂的象征时，就会懂得去理解、接纳那个象征的意象，在内心活出自己的灵魂。荣格说：“那是属于他的，此一危险的女人意象。”当男人明白此一意象是他自己的，是“属于他的”，他也就朝着与意识的恋爱迈出了第一步，也将开始明白，“不由自主地，每个心上人都会成为这种无所不在、超越年龄意象的载体及化身”。

每个男人都必须学会理解、接纳外在的人及环境。但同样重要，甚至更为迫切的是，也要学会理解、接纳自己的个性。一个男人如果不懂得面对自己私密内心的动机、欲望及未曾实现的可能，便永远无法达成内在的整合，亦即真正的完满。此一内在力量，不断鞭策我们去实践未曾实现的可能及价值，是人类生命最强大的驱动力量。男人的这股力量就是阿尼玛：她就是灵魂。因此，毫无疑问地，男人视她如女神，可以使他们活得有价值的，唯有她！由于终极意义必须向内寻找，一个男人对外在世界的接纳必须是来自内在完整的力量，而不是漫无目标向外寻求意义，如果是这样的话，到头来将会发现，只有自己的灵魂踽踽独行。

我们这就来看看，崔斯坦饮下情药时发生了什么事，突然之间，在他的眼里，金发伊索德又起了什么样的变化。当酒的魔力发作，犹如五内如焚，崔斯坦宛如换了一双新的眼睛，目之所见，眼前的人并非伊索德那个女人，而是他自己内心的女神，光耀夺目，突然间神奇地附身于一个凡间女人身上。在伊索德身上，他看到的是自己的“女性灵魂”（Lady Soul），伊索德则是她的肉身、形象及象征。

如此这般，一切按照内心的投射，按照灵魂之所见，以及其魔幻的意象世界，爱情之美好与动人尽在其中。无论是男人或女人，谁拒绝得了这种景象或感受呢？但话又说回来……还有另外一个面向我们必须面对。我们来看看崔斯坦：他才刚喝下了情药，结果呢？随之而来的，是他的人生现实发生了剧变！他丢开马克王交付的使命，忘记了自己的责任，道德、忠诚，甚至性命，全都抛诸脑后。走上背叛一途的恋人，唯一的下场就是毁灭。他明白这一点，但这已经不重要：“那么，就让死亡来吧！”

在现代西方人当中，灵魂闯入外在世界，闯入我们的亲密关系，因而带来复杂的问题，可说是司空见惯。一个男人居然强求妻子或女友是女神，是他的灵魂，带给他恒久狂喜的完满感。他不诉诸自己的内在，找寻阿尼玛，却苛求自己的灵魂向外在索取，向女人索取。他动辄将自己的内在理想投射到她身上，以至于对一个活生生女人的价值及美视而不见。哪一天，他的投射突然消散，不再觉得有“恋爱”的感觉，内心便产生剧烈的冲突。随着投射的离去，转向别的女人，犹如蝴蝶逐花而舞。这种严重的价值冲突和忠诚冲突，也是我们在崔斯坦身上看到的：突然间，人类的忠诚、灵魂的投射，全都变了调，于是，在人类亲密关系这只精细易碎的容器中开展，毫无转圜余地。

但在这种价值冲突的背后，有某种东西是好的、有利的，是强大的演化力量：

> 那股驱迫你进入意识，在意识世界里支撑你的力量，在你转向另一个核心时，其实却是最大的敌人，因为，你就此脱离这个世界，所有让你不得不攀抓依附的东西，其实都是你最大的敌人。所谓祸兮福所倚，福兮祸所伏。
>
> ——荣格《昆达里尼瑜伽》(*Kundalini Yoga*，第10-11页)

每当受到命运的召唤，每当转往下一个脉轮

（chakra，意识层次）时，会有一种“脑袋受到撞击”的感觉，仿佛世界颠倒，随着新世界的召唤，发现世界上所有熟悉的价值及忠诚都处于严重冲突之中。

爱情也是如此：西方男权的男人已经失去了灵魂，当灵魂发出强烈召唤，将他拉出已知的世界，进入一个仿佛一切颠倒的领域；眼前浮现的，无非金发伊索德的形象。

恋爱中的人
荣格观点的爱情心理学

WE:
Understanding the Psychology of Romantic Love

| 第八章 |

情药的历史

内心的旅程往往可以在外在世界找到印证，也就是说，外在的生活与历史可以确认神话及梦的象征对我们的启发。对于我们称之为恋爱的这种文化及心理现象的本质，我们可以从情药上获得相当惊人的认识，同时也发现，以宫廷爱情为缘起的恋爱，其取向为一种“精神的”修持，正好呼应了情药所象征的意义。现在，且让我们回溯更远，更深入地挖掘，我们将会明白，宫廷爱情之仰慕是有其宗教信仰根源的。

基督教出现之后，欧洲其实还是一个不折不扣的宗教市场。欧洲各个民族信仰基督教，是因为国王与皇帝主导，事实上，民间仍然继续崇拜旧有的神祇，或秘密，或公开。人们将自己的“异教”信仰习俗与表面的基督教信仰相混合，今天看起来似乎十分怪异，但许多我们今天过的节日，例如五朔节（May Day）及万圣节，原来都是宗教节日，都是往昔旧信仰的习俗残余，是基督教所打压的。同样的，理想和信念也一样。许多旧信仰的观念及信念，表面上因被视为异端邪说而遭到压制，但仍然无意识地存活于我们的生活与文化。之所以如此，在于这些理想和信念相当于一种心理需求及人类内在的心理实存，而这些又都是正统信仰或“官方”观点所无法提供的。

把恋爱看成是一种心理力量，是一种很有说服力的说法：恋爱之中有些东西，许久以前已经被我们的文化及生活所抛弃，现在又重现了。人类本来多智灵巧，总会找到法子，甚至是无意识地，牢牢抓住自己所需要的东西。

早期的宗教，最兴旺的是摩尼教（Manichaean），以波斯的先知摩尼（Manes）为名。在欧洲，这个宗教成为卡萨教派（Catharism），因信奉者自称“卡萨”（Cathars），意思是“纯洁”。到了十二世纪，法国南部所有的城镇及省份，名义上虽然是基督徒，却全都信奉卡萨教派，欧洲宫廷中许多贵族也都是卡萨。在法国，由于这股风潮以阿尔比城（Albi）为中心，所以得了个阿尔比异端（Albigensian heresy）的名号。

这个教派有个基本信仰:“真爱”，不是一般寻常人类夫妻之间的爱，而是对一位阴性守护神的膜拜，她是神与人之间的媒介，守候在天上，以神圣之吻迎接“纯洁的人”，领他进入光明国度。与这种“纯洁的爱”形成对比，一般人类的性关系与婚姻则是等而下之，是非灵性的。卡萨认为，男人对女人的爱应该是对天界女王（Queen of Heaven）精神之爱的人间寓言。

在许多基督徒的心目中，卡萨教派是改革运动，是对教会上层的腐败和政治反弹。中世纪的教会，男权心态十足，久未接触阴性灵魂，早已变得物质化、教条化，搬出一套“天启”的律法及教义，全都非常理性、非常阳刚，透过仪式与教条提供集体经验，但对寻常百姓来说，没有个人经验的空间，无法接近有生命的神。相反地，卡萨所行的是道德典范，对上帝的体验是当下的、私密的、个人的、充满感情的。他们恢复了信仰的阴性特质：回归了金发伊索德。

卡萨所信的世界善恶分明。精神是善，但这个物质世界则是恶。我们的灵魂实际上都是天使，其本质是神，流落天庭之外，为世事俗务所囚。我们每个人内在的那个天使，心有向往，努力追求属天的精神存在，但维纳斯，这位感官声色的女神，却将我们陷在黑暗的物质世界。为了得到救赎，卡萨力求“纯洁”，抛弃维纳斯所布下的诱惑，绝性事，简饮食，弃绝一切陷我们于此邪恶痛苦世界的感官欲望。因此，卡萨排斥婚姻，不近男女之事。

他们敬拜的阴性守护神为纯粹光体，一身洁白，在天上等待我们，引导我们进入上帝之国。卡萨的救赎之道，唯有肉体死亡一途，离开身体，升至天上与女神相会。但为了解脱肉体的束缚，在卡萨男人的心目中，女人不是妻子，不是世间的伴侣或性搭档，而是一个守护神的形象——仰而慕之，心向往之，但永远是一个象征，是一个提醒纯洁与光明的“来世”象征。

教皇宣布卡萨教派为异端，圣伯纳（Saint Bernard of Clairvaux）发动无情的“十字军”将之驱逐于地下。但正如所有强大的理想，被迫地下化之后都会改头换面，以“非宗教的”形式重出江湖。卡萨的教义及理想突然再现，以宫廷爱情的仰慕，以吟游诗人的歌与诗传唱“爱情传奇”。有些文化史家相信，宫廷爱情就是卡萨教派的“非宗教”延续，率先实践宫廷爱情的骑士与仕女都是卡萨，以爱的崇拜为掩饰，继续他们的宗教信仰。在外界看来，那是一种全新的、优雅的求爱方式，取悦奉承美丽的少女，但对内部的人来说，他们知道那是“规矩”，是卡萨教派理想的实践。

宫廷爱情的理想风靡中古欧洲的封建宫廷，对阴性价值中关爱、亲密关系、细腻情感、忠诚、精神体验及美的追求上，开展了一场革命，最后，革命成熟进入我们所称的浪漫主义，同时大幅改变了我们对女人的心态，却在我们的情感上留下了奇怪的裂痕。一方面，西方男人开始把女人看作是纯洁、圣洁与完整的具体化身；女人成为阿尼玛的象征，亦即“我的女性灵魂”。但另一方面，却仍然死守着男权思维，在男人的心目中，女人仍然是集感性、非理性、温柔及软弱于一身的典型，而所有这些特质，与其说是女人所特有，其实在男人自己的阴性特质中也不遑多让。

就西方男人来说，要将女人当作一个人看待，而不是视为某种东西的象征，这时候他还做不到。对于自己的内在阴性，他仍然陷在矛盾之中，有时候，他急着要找回自己失落的灵魂，有时候却又鄙视她，视之为生命中毫无必要的累赘，是男权机械装置中“卡住齿轮的扳手”。正是此一内在未愈合的分歧，使男人将之投射到外在女人身上，拿她当成了祭品。

自宫廷爱情的时代以来，有几件事情已经有了改变。刚开始时，宫廷爱情还是一种精神理想，不允许恋人之间有性关系和婚姻。他们明白，另一个世界的仰慕不容掺杂个人的亲密关系、婚姻及肉体接触。相较之下，我们总是把恋爱与性及婚姻混到一块。但有一个主要的理念，多个世纪以来始终不变，那就是我们的无意识信念：“真爱”必定是相互之间有如信仰一般的爱慕，情感深挚，沛然莫之能御，至情所至，两心同感天地交融。但我们却有别于宫廷先人，把个人的生活，连同性、婚姻、做早餐、付账单及抚养孩子，全都和这种仰慕搅成了一团。

宫廷爱情认定真爱只存在于婚姻之外，时至今日，我们仍然相信这个理念，它在无意识中影响我们，比我们所知的还要深远。男人希望妻子照顾孩子，煮食备餐，分担家计，做他每日为人生打拼的后盾。但在内心某处，他又希望她是阿尼玛的化身，是那永远美丽无瑕的天上仙女。他心里疑惑，那个他仰慕的女神，晶莹剔透，怎么变成身边这个庸俗平凡，蛮不讲理的妻子。女人看着丈夫工作赚钱，缴付账单，修理车子，捍卫他的帝国，过着庸俗平凡的日子，心里也疑惑，那个仰慕崇拜她的骑士，在他“护卫”着她的日子里，一切如此激情，如此狂喜，如此幸福，而今何在？古老的无意识信念阴魂不散，回头来缠着他们，在他们心底喃喃低语：“真爱”另在他处，在婚姻的庸俗平凡里是找不到的。

正是这种严重的分歧在我们的内心作祟，一方面，我们要的是和一个普通人的稳定及关系；另一方面，我们又无意识地要求另外一个人是灵魂的化身，展现神的智慧，向往光明国度，推动我们达到宗教信仰一般的仰慕境界，以狂喜充实我们的人生。由此可知，卡萨教派的思想及理想挂着宗教的面具，仍然活在我们内心。

这一类的理想，每一个都是一种真实的心理状态；每一个都是一种心理的幻想，在我们的内心作祟，告诉我们，我们是谁，我们是什么，我们需要什么。

卡萨教派的信仰及其衍生出来的宫廷爱情孕育了西方男人心中最令人惊奇的幻想，也正是这个幻想，为我们孕育了今日的恋爱。虽然令人不可思议，但却绝非空想：所有的幻想都是真实，是以象征表现的真实，是其起源无可言喻的真实。卡萨的教义只为幻想，是要找回自己失落的灵魂。这是不可思议的幻想，发现了内在世界是真实的，灵魂是真实的，诸神是真实的，以及我们确实可以找到那个世界，找到那美，找到那与诸神的交流。

许多男人都会同意，恋爱是“幻想”，但却不知道他们讲的是一件多么了不起的大事；因为，虽为幻想，却也真实，是一件我们可以做得到的真实，如果我们了解它的真谛的话。既然要找到这个真实，我们就必须了解其幻想及其象征的背后；卡萨教派信徒及宫廷幻想的那一套做法，我们大可不必搬到现实世界凡夫俗子的生活中，而是要把这幻想当作内在事件、内在真实地去实践，去体验我们今天，也要肯定其永恒天地。

| 第九章 |

连骗带抢

前后两次，我们跟着崔斯坦航海到爱尔兰。第一次，他病入膏肓，只带着琴放逐海上，把自己交托给大海，带他航向治疗。他的内在旅行将他带到金发伊索德那，一个美丽绝伦、天赋异禀的女人，奇怪的是，他却毫无反应。对伊索德，他一点也不动心；若说喜欢她，他也还懵然无知；对她，他不曾下功夫追求，换句话说，不曾想要赢得她的芳心。他要的，就只是她的治疗，然后回康瓦尔去，重返人生的现实。

回到康瓦尔，俗事纷扰，心情烦躁。马克王不打算娶后，故从布朗瑟芙勒死后，那么多年来，康瓦尔宫廷中不再有阴性气质存在。妻子或王后，于马克王只是多余。金发伊索德，他定有所耳闻，但他不动心，一如崔斯坦。甥舅恢复日常生活，沉湎于血腥的马上比武，赢得战斗，杀敌屠龙，以及其他欢喜的阳刚消遣。后来，崔斯坦再次造访爱尔兰去找伊索德，也不是为了自己，不是因为看重她的价值和她的地位，不是为了亲近她。此行，他有如打劫的海盗，“连骗带抢”将她带走，如同战利品。

崔斯坦处心积虑要把金发王后弄到手，所为何来？乍看之下，他的动机高贵而勇敢。他对马克王说：“我为陛下甘冒生命之危难，好让众贵族明白我的忠心。”但这些话的背后意涵是什么我们都明白，他竟是要拿伊索德作为自己与众贵族竞争的棋子；带她回来，只是为自己的帽子添根羽饰，荣耀自己的男子气概，证明自己是康瓦尔宫廷中最忠心、最英勇的护卫。从这个角度看，英雄的美德不啻恶行；因为，对待伊索德，崔斯坦充分反映了西方男人对待自己灵魂的心态。

生而为人，严重受伤而无计可施，自我的锦囊已空无一物，眼看人生的意义和尊严荡然，只有在这时候，我们才会心不甘情不愿地去寻找自己的灵魂。一如崔斯坦，最后，我们流放自己进入无意识：探索自己的内在领域，寻找人生的意义。但是，一旦到了那儿，在伊索德的手底下疗愈了，一转眼，我们的人生又重新聚焦于男权的自我：计划、生产线，以及外在世界的地位和声望。如同崔斯坦，我们开始过度在乎自己的外在世界：别的贵族是怎么看我的？谁才是最伟大的护卫？谁的贡献最大？谁赚的钱最多？

马克王拒绝结婚是个不好的象征。在神话或梦里，国王无后，象征的是拒绝完整，拒绝成长，拒绝以新生儿形式降临的命运。在古代，国王没有子嗣，百姓都会担忧，害怕土地贫瘠，害怕风不调雨不顺，害怕自己家族的人丁不兴旺。相对地，国王或女王结婚，以及继承人的诞生，则为他们带来欢欣。即使今日，君主或亲王生孩子，尤其所生是王位继承人时，万民欢庆鼓舞，宛如自身有幸。在我们的集体反应中，对王室子嗣的诞生都有着一股深沉的心理能量；在心灵的最深层，对我们来说，国王与王后象征整个自性的演化，新生继承人则象征新的意识及我们内在所拥有的潜在能量。

无论我们的意识对王室所持的是什么心态，我们一定都记得，在我们的内在还有着一个王室的原型。在我们的意识中，国王及王后象征的是我们内在的最崇高及最真实，也象征我们内在追求阳性价值与阴性价值结合的可能性。

因此，马克王拒绝娶后，意味着西方的阳性心灵缺失了什么东西：他不仅失去了阴性特质，而且他完全不在乎——甚至不曾意识到自己失去了它。长久以来，我们强化自己的阳性特质，过分强调其价值，以至于把灵魂看成一个非必要的复杂体，截然有别于男性世界的条理与秩序。

怪异的是，倒是那些“居心叵测”的贵族，崔斯坦的世间敌人，他们挑起了这档子事。在崔斯坦看来，他们无非都是“坏心人”。但话又说回来，迫使我们追求完整的，正是那些我们看自己内在时觉得邪恶的东西。那是一种威胁，一种瑕疵，是某种搅乱我们自我世界和正常生活的东西，那有可能是生病，过度操劳和疲惫，也有可能是神经质发作打乱了生活，迫使我们寻找自己无法解释的事情背后的意义。这些症状及并发症对我们来说，犹如“捣蛋分子”，只会给我们带来麻烦，但也正是这些捣蛋分子，迫使我们去寻找王后。

等到我们终于要去找她的时候，跟崔斯坦一样，我们“连骗带抢”。等到人生枯竭的时候，我们才会去找阿尼玛，但却又要求她照我们的方式；把她当成我们自我的附属物，当成我们表面形象的装饰品。我们要求阿尼玛激发我们，点亮我们的人生，给我们意义感及方向感，让我们活得更积极，但却不去了解她的想法，不想要公平对待她。崔斯坦利用伊索德作为安定国家的棋子，其手段与男性的自我之间缔结联盟如出一辙。这就是我们惯有的心态。

崔斯坦把英雄气概表现得淋漓尽致，同时也让我们看到了，我们的英雄是如何迷失了自己的。崔斯坦一边泡着药草浴，一边信誓旦旦对伊索德甜言蜜语，说自己的挚爱：

公主啊……一天，两只麻雀飞到廷塔哲堡，衔来一丝你的金发，我认为它们为我带来的是善意及和平，所以才渡海来找你，并甘冒恶龙及其毒烟之险。你瞧，你的发丝就缝在我徽章上的那些金线中间，金线已经失去光泽，但你的金发依旧闪耀。

现代男人所有的悲剧或许都是始于这样的严重欺骗——因为，他在欺骗自己。崔斯坦的话语之所以动听是因为他讲的句句属实；他的话语之所以可悲，则是因为他口是心非！他如果心口如一，那就代表演化上的一次“大跃进”，是西方男性自我的一次逆转，是追求阴性特质的重大一步。但我们的男权祖宗崔斯坦口是心非，那我们呢？在接触生命的阴性特质时，我们可以有样学样，讲的是一套，想的却是另一套吗？阿尼玛传递给我们和平的信息。欺骗了几个世纪之后，我们学会诚实对待她了吗？

崔斯坦的话说得动听，伊索德听说自己的一丝金发缝在他的徽章里，便放下手中的剑，走过去验证了他的深情，然后收起了剑。她没有刺他，而是吻他。这里我们看到了内在阴性与外在女人相同的一面。对彼此来说，关键的原则都是接纳。

如同伊索德，女人受到了男人的冷落或伤害，往往都会找法子调转他的剑去对付他，让他自己使出的力量反伤其身。但男人一旦觉醒到自身的需求，献出爱，诚心诚意接纳她，女人会生出一种近乎神奇的力量，原谅他。阴性特质利用对手的剑，一旦他收起了剑，献出接纳，同一瞬间，她也收起了自己的剑。攻击转变成为接纳。阴性特质，无论在女人或男人身上，如果当下真心接纳，付出了真情，通常都会不计前嫌，忘记过去的伤口。这是女人最可贵、最美好的本能之一，是她活下去扭转人生的本领之一。接纳是她的第一原则，是她本性的主题，为此，她活着，胜过其他一切。

伊索德也不例外。崔斯坦让她相信，他献出了接纳及爱，他确实是因为她的美好才重视她，要得到她，于是，她的怨恨及复仇计划也就丢到一边，垂下了手中的剑。这里有阿尼玛的两个特质。灵魂并不只是我们随时放在心里的某种观点，需要的时候掏出来，不然就摆到一旁去。对自己的内在世界，她同样要求接纳，也要求男人的时间和殷勤之类的东西。当他冷落她时，她会不痛快，会生气。阿尼玛会把他的剑拔出来，狠狠捅他。她搅乱他的生活，制造上瘾及心理问题，进入恋爱的投射及骚动状态。阿尼玛，利剑在手，就会是个厉害角色，凡所过之处必留下破坏的痕迹。但如同伊索德，阿尼玛会和解，如果我们去找她，平等对待她，如果我们寻求她的世界和智慧，她就会和解，对我们敞开她的内在世界。

无奈的是，一如崔斯坦，西方男人都是花言巧语之辈。但有一种奥妙难解的说法，说来也算是一种救赎：我们说谎时，无意间却透露了真相。举凡在意识上不想付诸实际的想法，其实在无意识层面却是真的。崔斯坦知道自己说谎，却不知道，在他有意识的动机底下，无意识拼命将他拉向伊索德。此外，在他最深层的真心中，他对她说的一切都是真的，只不过不到最后他不会明白。

伊索德相信他，为什么？说来神奇，灵魂先知先觉；她可不是傻瓜！她为什么相信他？因为，她听到了谎言底下的真心，只要是最深层的真心，内在的阴性都会回应。

在我们的深层无意识中，有许多需求与欲望是我们的意识所不愿意承认的；我们欺骗，往往就是在表达这些需求与欲望。当然，我们不能因此就说欺骗或背叛是合理的，但我们明明知道自己是在欺骗自己或欺骗别人，如果还愿意面对欺骗底下的真相，那也就是为这些真相负起了责任，同时，也直接而诚实地接受了它们。如同崔斯坦，我们全都说着甜言蜜语却口是心非，假如我们静下心来，用心看看这些话语是从多么幽暗隐秘的地方冒出来的，我们将会发现，我们所寻求的，我们所需要的，正是伊索德。

崔斯坦要寻找的是什么，他自己不知道，需要的是什么，也不知道，因此，无意识起了相反的神秘变化，他把自己的真心变成了谎言。当着爱尔兰众贵族的面，当伊索德听到崔斯坦说出他的目的，发现自己被骗，利刃穿心，羞辱心痛，颤抖不已。

如此这般，崔斯坦赢得了她，却轻蔑她；动人的金发故事只是一个谎言；他把她交给了另一个人……就这样……出于对马克王的爱，崔斯坦连骗带抢地把金发王后给弄到了手。

但到头来，连骗带抢是无法得逞的。连骗带抢，会逼得男人的自我跟自己的个性作对——与他内在最深层的需求冲突，与他自己的灵魂冲突。崔斯坦以为自己征服了女人，带她返家，用来和亲结盟，服务男性自我的权利，却不知道横在自己前头的是什么。他以为他征服了，却不知道自己将被征服。

在崔斯坦面前，命运摆上了一只冷酷的陶瓮，内有情酒，世所罕见，别具风味。而他全然不疑，畅饮入喉。

Ⅲ

崔斯坦与伊索德的魔幻花园幽会

故事情节

现在我们再回到故事，眼看崔斯坦与伊索德在一小船上，驶向康瓦尔海岸。崔斯坦怀中搂着金发王后——而她，已经是王的人。新王后一出现，马克王惊讶不已，人民欢天喜地，不仅因为她的美丽是国人从所未见，更因为她待人和蔼有礼，无分贵族下人。王室婚礼盛大庄严，万民同欢。但新婚之夜，伊索德让她的女侍布兰琴取代自己侍寝国王。她让布兰琴穿上她的华服，给她施了魔咒使王中邪。如此这般，王蒙在鼓里，根本不知道他的王后早在登岸康瓦尔之前就已经失身于他亲爱的外甥。伊索德王后深受贵族及百姓爱戴，但是她与崔斯坦两人却是欲火焚烧，无有满足。他们不顾危险，秘密幽会，恣意纵情。王宫后面有一精致庭园，花径流泉，中有一高大松树。松树下，恋人幽会，十分隐秘，以为可以避人耳目。每当晨号响起，两人难分难舍，伊索德有时会说：“啊，崔斯坦，我听说这城堡很神奇，一年会消失两次。所以，但愿它现在就消失，而这里就是竖琴手吟唱的那座魔幻花园，一道气墙团团围绕它，花木缤纷，泥土芬芳；这儿无须警卫，英雄以朋友之怀为家，无有敌对的力量足以撼动那道气墙。”

“不。”崔斯坦说。

“这里不是魔幻花园。但有朝一日，爱人，我们将携手前往幸福国度，从此不再返回。那儿矗立一座白色大理石城堡，千窗万户，扇扇亮着烛光；每扇窗前吟游歌手弹唱没有终曲的旋律；那儿日照不至，但没有遗憾：那儿是生命的乐土。”

日复一日，两人之间，眼神相递，深情流露，看在任何关心的人的眼里，一切不言而喻。那些心怀叵测的贵族——愿上帝诅咒他们——自也不例外，他们监视他们，向王举发两人，将王带至幽会处所，隐身于松树上，终于等到了伊索德潜身进入庭园。但月光皎洁明亮，伊索德看见了王投在地上的影子，浑身打了个哆嗦，祈祷崔斯坦不要来。

国王后花园捉奸

不久，崔斯坦出现，犹如黑豹般悄悄翻墙而入，伊索德大声呵斥，语气严厉：“崔斯坦阁下，快告诉我，你为何秘密要求我到此会面，如果王知道了，他一定会往最坏处去想，那么我命势必不保。”

崔斯坦闻声，目光扫过泉水，看见王的倒影，了然伊索德之出言严厉。这时候，崔斯坦的脑筋转得快如他的出剑，但见他当即跪下，请求王后向马克王进言，转达他对王的忠诚。只听他哀哀说道，虚伪的叛徒指控他及王后，并说：“啊，王后明鉴，我愿意接受任何骑士的决斗，证明您的纯洁和自己的无辜。”

如此这般，这对恋人作起戏来，马克王最后相信两人是无辜的，垂下了已然对准崔斯坦心脏那上弦的利箭。

后来，伊索德将当晚惊险的过程告诉了布兰琴，布兰琴哭泣道：“伊索德，那是奇迹，是上帝保佑你们，因为上帝仁慈，不伤害无辜。”

王对那四个居心叵测的贵族充满愤怒，四人于是逃之夭夭。倒是崔斯坦仍然不放弃王后，甘冒奇险，不放过任何机会，搂她在怀，极尽欢愉。终于，东窗事发，证据确凿，王暴怒，如一头受伤的野猪，决定将这对恋人送上火刑柱。就在前往行刑的路上，卫兵将崔斯坦带至悬崖上俯瞰大海的小教堂，放他进去做最后的祷告。才进教堂，崔斯坦说道：“与其在火柱上羞辱而死，还不如跳崖投海吧。”说着便跃窗而出纵身跳下悬崖。但一阵强风吹来，鼓起了他的斗篷，这如同神的呼吸减缓了他的坠落，他安全降落海边沙滩。忠心的随扈把整个情况看在眼里，带着武器纵马奔至海滩，两人火速离去。

王怒火中烧，把伊索德丢给几个麻风病人，与她同卧，任他们取乐，诅咒她不得好死。但崔斯坦及时赶到，挥剑砍倒麻风病人，救出伊索德，逃往野地默罗伊森林（Forest of Morois）。

荒林中，这对恋人住了三年，食根茎、草叶、兽肉，肤糙体瘦，面有病色，衣衫褴褛。但他们彼此深情凝视，药酒在他们的血液中游走，两人丝毫不以为苦。

一天，他们偶遇修士奥格林（Ogrin），一位圣洁正直之人，一眼认出是崔斯坦，责备他说：“愿上帝拯救你，崔斯坦大人，你把你这辈子和下辈子都给毁了！一个背叛了主子的人，该五马分尸，烈火烧死，骨灰所落之处，寸草不生……崔斯坦大人，按照罗马的律法，把王后还给那个和她合法婚配的男人……好好忏悔吧。崔斯坦。”

但崔斯坦回道：“要我忏悔什么罪呢，奥格林大人？……你在这里审判我们吧，但你知道我们在大海上是用什么样的杯子在喝酒吗？我们两个人都喝得酩酊大醉。我宁愿食草根树皮和伊索德相依为命，也不愿没有她去做那广土众民的国王。”

然后，伊索德对奥格林大人说：

“大人，全能的上帝在上，

他不爱我，我也不爱他。

全都是一剂草药作祟，

我喝了，他也喝了：其罪在此。”

如此这般，崔斯坦与伊索德拒绝认错，告诉奥格林错在情酒，转身遁回森林。

不久，一个狡猾的樵夫找到了他们的森林小屋，一径去廷塔哲堡，恬不知耻地把消息出卖给王，并作为王的向导。接近小屋时，王下了马，蹑手蹑脚靠近，手中握着剑。等看到他们时，只见一对恋人和衣躺着，熟睡地上，崔斯坦的剑置放两人中间，并未上鞘，两人一脸单纯无邪。

眼见如此景象，王在心里暗道："我的上帝，我不可以杀他们！他们在这林子里一直住在一起，若他们疯狂地相爱，会这样把剑放在两人中间吗？剑不入鞘，以白刃分开两人身体，摆明了不是在证明与守护贞洁吗？如果他们俩疯狂相爱，会这样纯洁地躺在这儿吗？"

于是，马克王从手上取下一只戒指，套在伊索德的手指上，再从地上拾起崔斯坦的剑，将自己的剑置放于原处。如此一来，他留下了和解及宽恕的象征物。

崔斯坦与伊索德醒来，发现了王的戒指及剑，油然而生恐惧之情，但慢慢地，转为惊讶。王的恨从未令他们感到不安，但这一刻，他的爱却让他们觉得惶恐。第一次，崔斯坦怀疑自己是不是做错了事；他开始渴望舅舅的爱及同袍之谊。

王对崔斯坦和伊索德的宽容

“但是，”他又想：“他会把伊索德带回去！我在想什么？我受得了吗？王大可以趁我在睡梦中时把我给杀了，现在，他的慈悲唤醒了我的良知！”

崔斯坦心里想着，伊索德如果是在马克身边当她的王后，她住的应该是雕栏玉砌的王宫，穿的应该是绫罗绸缎，而不是在森林里，犹如一个奴隶，委身破烂的小屋，过野人的生活，浪费她的青春。

“没错。”他心想：“她是他的妻子，她是王后，是按照上帝的律法结缡，在所有贵族面前加冕。我当然应该把她交还给王。”

但一整个晚上过去，他犹豫不决，满心伤痛。同样地，伊索德也是满腹心思。

“崔斯坦本来应该生活在王的宫殿里，随扈簇拥。他应该开展他的冒险，但因为我而忘失了他的骑士使命，沦为宫廷逃犯，流落在外，毫无目标，糟蹋人生！”

于是，崔斯坦与伊索德下了决定，伊索德应该回到王那儿去。但崔斯坦说：“王后，无论结果如何，无论身在何方，我永远只会是你的，因为，我的爱是独一的。”接着，这对恋人走出森林，去找修士奥格林。才一见面，奥格林就对着他们大声嚷嚷起来：“我的朋友，你们是不到最后不出来，不为你们的疯狂忏悔吗？崔斯坦，孩子，你还不愿交还王后，求王的宽恕吗？”

崔斯坦回答道：“奥格林大人，我们的爱本来无悔。但我不要伊索德为了我在这该死的地方再煎熬受苦下去。拜托你，大人，给王送个信，说如果他还愿意接纳王后，我会交还。如果他还要我在他的麾下效命，我会回去尽我应尽的责任。”

奥格林到圣坛前祷告、赞颂上帝，然后尽其一个修士所能的生花妙笔，修书一封，连夜送给马克王。

马克王立即召集谘议大臣，出示书信，令其宣读。大臣禀告说：“陛下，可令王后返回留在陛下身边。至于崔斯坦，则令其离开此地，找个法兰西的王为其效力，或是为诺斯兰国王效力。因为，若任他重返廷塔哲，则流言蜚语难免，有辱陛下。”

事情就此确定。马克王下旨传令崔斯坦，于指定日子在渡口交还伊索德，并随即离开康瓦尔，前往别处。

到了崔斯坦交还伊索德的那天，这对恋人坐在林中一隅悲伤哭泣。两人在动身与王相见前相互立誓。

“王后。”崔斯坦说：“此去无论何往，我定会给你信息，只要你要求，我定会赶来，无论身缠何事，无论人在何方。”

伊索德给崔斯坦一枚翡翠戒指，说道：“这一枚翡翠戒指代表我的爱，戴在指上；任何你差来的人，以戒指为凭，见戒指如见人，一旦戒指现身，我将唯你之命是从，无论其为智为愚，权力或忠诚都无法阻挡。”

伊索德回到王国后，举国重拾欢欣，康瓦尔百姓无不安乐升平。但歹毒的贵族仍不放过伊索德，诋毁她，说她与崔斯坦有染。话传到伊索德的耳里，她向夫君，她的王提出要求，行使自己的权利：接受上帝的试炼。试炼方式如下：铁块加热至火红，伊索德向圣徒遗骨发誓，一切所言属实，再以双手握住铁块。如她所言为真，上帝不使铁块伤她（凡好基督徒皆如此相信）。但她若说谎，铁块将伤她，如此一来，铁证如山，她将为自己的背信弃义接受火刑。

伊索德传信给崔斯坦，安排秘密计划救援。按照计划，试炼当天，崔斯坦伪装成一个潦倒的朝圣者，一身褴褛，来到海岸。试炼一切就绪：熊熊烈火燃起，一旁的圣徒遗骨看守严密，刑柱竖立，薪柴火引围绕。

王后乘小船从海上而来，指着崔斯坦向一名骑士说：“把那个可怜的朝圣者带过来，让他抱我过那泥滩，好让我在百姓面前保持整洁体面。”

于是，崔斯坦涉过水滩，将王后从船上举起，抱着她来到干地。只见她一身雪白长袍，站在廷塔哲及卡美洛（Camelot）众贵族面前——没错，甚至连亚瑟王（King Arthur）及他所有的大臣也都从卡美洛赶来见证，确保上帝的审判得以彰显，不受质疑。只见伊索德迎风而立，她的美令在场的人无不惊叹。然后，她手扶圣徒遗骨，发誓说：“圣徒在上，除了我王夫君，以及刚把我从船上抱过来的可怜朝圣者之外，绝无任何男人搂我入怀过，谨此为誓。”然后，王后因恐惧而苍白，但因勇敢而坚定，走向熊熊烈火，拿起火红的铁块。只见她手捧铁块，缓慢走了九步，然后抛在地上，举起双臂作十字形，面对人民，慢慢打开双手。啊，看呀，她的双掌完好洁净。人民屏息静立，惊愕万分，然后爆出巨大呼喊，赞颂上帝，为他们的王后喜极而泣。尽管历经重重危险，侥幸过关，崔斯坦不愿离开康瓦尔，也不愿离开王后。一天晚上，他潜至她的窗下，模仿夜莺啼声。王后知道那呼唤；她记得自己对上帝的誓言，对奥格林的誓言，对王的誓言，但她哭喊道："死又何惧？你呼唤我，你要我，我来了！"

如此这般，他们在夜晚的黑暗中相会，尽情享受他们的爱。但居心险恶的眼线和坏人无所不在，监视着王后，他们知道自己很快就会被发现。最后，崔斯坦离去，千言万语，洒泪分手，告别康瓦尔。

恋人两地相隔，既不得生，也不得死，因为，生与死一体；崔斯坦为逃避伤痛，独航大海，遍走岛屿，远走他乡。

伊索德接受试炼

恋爱中的人
荣格观点的爱情心理学

WE:
Understanding the Psychology of Romantic Love

| 第十章 |

内在世界的王后

伊索德与康瓦尔的马克王结婚，代表的是心灵深层某些强大的力量。阿尼玛回到了内心的国度；阴性特质与阳性特质结合；自性完成，成为一体。我们听到钟声鸣响，人们或涌进大教堂，或簇拥街道两旁，争相一睹新后，为她的美丽而欣喜雀跃。灵魂回到了康瓦尔，王有了妻子，大地为之丰饶。

这儿我们先停下来理解一下这件事情的意义，因为，这象征着我们的内心有一场同样的婚礼，一次同样重大的结合。从麻雀飞进廷塔哲堡窗户带来她的金发给马克王的那一刻起，伊索德就已经是王后了。在她与马克王成婚之前，崔斯坦已经称她为王后，甚至在默罗伊的荒野中，他还是以“王后”待她。金发伊索德，自始至终，永远都是王后，不是别的。

王室婚礼的意义是，阿尼玛与内在的王结合乃是天经地义。尽管崔斯坦用计骗她，连骗带抢；尽管他的动机不对，她是被迫嫁过来的；尽管他们在海上喝下了情药；无论如何，伊索德都是内在世界的王后，她注定了只有一个位置：马克王——内在的王——王座旁边的王后。就她的王室及女神地位来说，也没有别的位置配得上她。

明白了这一点，我们了解，崔斯坦背叛马克王形同摧毁了他的王国，他不仅背叛了王，还把王后应有的尊崇地位给贬低了。这不仅毁了他自己的世界，也害了整个王国。当伊索德与马克王成亲时，她给这个王国带来的是疗愈及欢乐。但当崔斯坦诱惑伊索德到松树下幽会时，其引发的效应到处都感受得到：王后贬低了自己，从后座上跌下来，遭到驱逐。王后的心分裂了，崔斯坦分裂了；很快地，王国充满分歧，因为内部的冲突无解。

神话的矛盾，以及一切冲突、混乱及痛苦的根源，全都起于一个要求：崔斯坦要把伊索德据为己有。她本应为一国之后的地位，却被一个个体所窃取。自我篡夺了本来应该属于自性的东西。

那么，在现代男人的生命中，这指的又是什么呢？我们总是想把阿尼玛变成一个外在的、有形的女人，因此，我们剥夺了她在我们内在应有的角色，亦即内在世界的王后。至于我们的做法，则是投射：用投射，我们的自我想要占有阿尼玛，将她禁锢于凡人的肉身中，在身体的、外在的、有形的层面去感受她。

若要让阿尼玛回归她内在世界王后的心理角色，就一定要做到一件事：男人必须有意识地不再把自己生命中的女人投射到阿尼玛身上。唯有愿意收回投射，阿尼玛才有可能在他的心灵中扮演她应有的角色。也唯有如此，他才有可能把他的女人当成她自己看待，而不是他投射的载体。

收回投射，荣格是这样说的：

> 收回投射使阿尼玛回归其原本，亦即原型形象，使阿尼玛得其应有的位置，为个人起良好的作用，在个人的自我与无意识之间运作……
>
> ——荣格，《移情心理学》
>
> （*Psychology of the Transference*，par. 5041[①]）

① 此段的完整引述参见本书第十六章。

什么是阿尼玛“应有的位置”呢？她，“在自我与无意识之间运作”，存在于一个人的内在心灵，于他的想象力之中，从内部唤醒鼓舞他。

崔斯坦要将王后据为己有时，表示他坚持把阿尼玛当成物质的存有，把自己的灵魂有形化，而不承认她是一种存在于内在世界的心理存有。阿尼玛只是一个内在的阴性意象，他不透过象征去感受她，却要将她弄成一个有实体肉身的女人。我们不仅拿女人的形象当作阿尼玛的象征，而且忘记了我们一直把她当作象征在对待。我们以为阿尼玛就是女人，女人就是阿尼玛，于是要求女人扮演阿尼玛的角色，是女神，而不是人类。如此一来，把阿尼玛予以人化，我们忘失了自己的灵魂；而把女人当成神，我们忘失了她们的人性，剥夺了她们之所以为女人的本性。

伊索德嫁入王室，加冕为后，象征着她应当安稳地做她的王后，统治内在的世界。我们再怎么想，也不至于将她从内在的王的身边拉走，拆散她的王室婚姻，或和她搞婚外的肉体关系。如果我们这么做，王国也就破碎了，生活和亲密关系的架构随之瓦解。而崔斯坦始终把阿尼玛当成一个有形的女人，他从未感受过她是“我的女神灵魂”，但唯有那样，才是他真正的渴望、最深的智慧。

还有另外一种情况。我们可以学习区别内在与外在，把王后交给王，让她展现一个全新的意识世界——一个唯有我们把她当成原型，于内在加以感受时才能看得到的世界。

在崔斯坦内心的最深处，他其实明白伊索德必须永远是王后。他从未想过和她缔结俗世的鸳盟，关键在此；在紧要时刻，他将没有上鞘的剑置于自己和伊索德中间，关键也在此。说到底，他明白自己无法以个人及有形的方式拥有她。他一只手把她交给王，纵使另一只手还想要占有她。他这样做，全是出于无意识，悲叹自己的命运，却不明白这样做背后的原因。如果崔斯坦做出这样的牺牲是有意识的，如果他肯让王后回后座，而且明白这是自己应当要做的，他的命运就不会是这样的悲剧下场。他大可以留在王后身边，把她当成她本来就该是的女神，让她活在内心，放在对的位置。这样一来，他既拥有自己的灵魂、高高在上的王后，内在的真实，又能够自由自在地同世间女子营造外在的生活，以她应有的权利和身份，爱她疼她。

| 第十一章 |

松树下的骗局

“要我忏悔什么罪呢？奥格林，我的大人……你就在这里审判我们吧，你知道在大海上，我们是用什么样的杯子在喝酒吗？我们两人都喝得酩酊大醉。”

当修士奥格林叫崔斯坦为背叛与通奸忏悔时，崔斯坦这么回答他。有了这些话，世界上出现一种新的道德观。凡是喝了情酒的人，都宣称自己获得了特许。崔斯坦告诉我们他无罪，他没有犯错，他对应的是一套新的法则。由于饮下了情酒而酩酊大醉，他被提升了，超越了旧的对错标准：除了感情的法则，他不受任何规则裁判。另一方面，上帝已经多次介入，他宣称一切都是上天的特许，说的似乎也没错。

第一次，是在高大的松树下，恋人秘密幽会的地方。月亮伸出了援手，使躲在树上监视他们的王泄漏了行踪。当布兰琴知道他们演戏骗过了王时，她宣称：“伊索德，这是奇迹，是上帝保佑你们，因为上帝仁慈，不伤害无辜。”

这是什么话？矛盾的无法自圆其说。这一对恋人背叛王，违背对他的誓言，欺骗他，何无辜之有？上帝不是要求婚姻圣洁，要求忠贞真诚吗？这难道是另一个上帝？

还不止于此！当恋人奸情败露，崔斯坦走向火刑柱时，一跃而下悬崖。神奇的事情发生了，突然一阵强风刮起，鼓起了钩住他靴子的斗篷，缓和了跌势。后来，马克王去到默罗伊森林，眼见恋人同卧，巧的是，崔斯坦刚好把未上鞘的剑放在两人中间，两人又逃过一劫。最后，当着众大臣的面，伊索德接受上帝的审判，拿起火红的铁块，毫发无伤。上帝显灵，证明她讲的是“实话”。所有这些奇迹代表什么？意义何在？这绝不只是戏剧的安排而已。其中的道理无非是，恋人所言，句句真实：他们是“无辜的”！他们“心地纯洁”。他们被一种难以招架的事情和力量征服，他们迷失了，与另一个世界共鸣，与不同的存有层面起舞，以致与凡俗世界的一切标准都相抵触。

这些奇迹告诉我们，恋人做什么都是对的，纵使看起来是“错的”。最起码，临到这场轰轰烈烈的人生大戏上演时，他们可是全心全意地投入。“另一个世界”一再介入世间俗事，解除了恋人因自己的行为原本该承受的后果，因为，既然他们与凡俗世界及人类道德不同调，他们也就完全活在另一个世界。但这个世界既有自身的价值，也就有必然的后果，至于什么样的后果，很快就会揭晓。

如果我们问，使恋人与之共鸣的是什么样的世界，我们只要回到那棵高大的松树，听听崔斯坦是怎么说的：

“这里并不是魔幻花园。但有朝一日，爱人，我们将携手前往幸福国度，从此不再回返。那儿矗立一座白色大理石城堡，千窗万户，扇扇亮着烛光；每扇窗前有吟游歌手弹唱无有终曲的旋律。”

“魔幻花园”者，心灵的内在世界，个人的时空之外未经探索的部分。未饮情药之前，崔斯坦对这个世界一无所知，一旦饮了，这个世界便将他吞噬。凡有所见，目为之眩，神为之谜，皆为他从所未见；他的心，他的身，他的一切感官，全都调到了唯一的一个存在层面。

但马克王呢？崔斯坦的人生和责任呢？伊索德的婚姻呢？她的誓言呢？她与她丈夫的人生呢？这么一问，我们就会发现，在松树下，情药的需索何其多，它拿走了太多的东西！我们若不将它彻底厘清、不意识到它，若不将它放到正确的层面上，它势必会控制我们，支配我们，瓦解我们的人生、人际关系，以及承诺和责任，不留下任何东西。它为我们打开的世界，是一个得来不易的世界，一个美妙无比的世界，它本是我们自己的一部分，只是我们忽略已久，有重新发现及接触。但一如所有从无意识涌现的新生力量，情药总是走不该走的路，破坏该保守的东西，忘了自己的本分。

崔斯坦与伊索德一旦为情药所控制，不仅要求他们为自己的人生增加一个新的向度，还要求他们丢掉是非的分别，以及忠贞、承诺和诚信的一切标准，而所有这些，正是我们世俗中人面对这个世界时，使人生及关系得以稳定的要素。

我们已经看到，一个人一旦喝下情药，他的整个世界为之颠倒。现在，我们也看到了，它还推翻道德：推翻价值，认对的为错，认错的为对。由于恋爱最大，爱情第一，多数西方人常常挣扎于两种对立的理想之中，一种是爱情，另一种则是人类亲密关系的忠诚。一般来说，我们认为两者是同样的东西，但实际上却截然不同。

随着宫廷爱情的出现，一套新的价值进入了我们的文化。不知不觉中，一种新的道德在我们中间诞生，开始塑造我们的心态。恋爱，就其最纯粹的形式来说，所追求的唯有一事，那就是激情。为了获得激情，牺牲一切在所不惜，包括责任、义务、关系甚或承诺。拜宫廷爱情之赐，我们开始有了这样的想法：人生的第一等大事，就是通过浪漫的投射把自己的灵魂找回来。我们始终不知道，找回灵魂另有其他途径。受恋爱理念之影响，我们认定了，若要追求终极狂喜，发现“魔幻花园”，唯有一途可循：“恋爱”。

对爱情的膜拜重新定义了“好”与“坏”。我们的新道德说，人生最重要的事莫过于“恋爱”，莫过于去感受恋爱的强度与狂喜，在爱人的身上找回自己失去的灵魂。激情，是达成完整与完满的唯一途径。

激情，带领我们通往失落的诸神国度。

由于接受了这一套想法，无可避免地，我们采取了一套新的对错标准：凡是为“恋爱”而做的都是“对的”；凡是有助于爱情的都是对的；凡有碍于爱情的都必须加以铲除，以利追求“更好”。我们和崔斯坦异口同声：“你在这里审判我们，但你知道我们在大海上是用什么杯子在喝酒吗？”我们深信不疑，跟着自己的投射走就对了，为爱而爱是我们的权利，无论结果是什么，亲密关系为之破裂，或有人因此而受伤。这时候，在无意识中，爱情成了最高的“善”，成了人生的主要目标；为了爱情，其他价值皆可以牺牲。

一般来说，现代男人都是将自己的灵魂形象投射到妻子身上，才揭开婚姻的序幕；唯有等到投射消散之后，才开始把妻子当成一个女人去了解。他发现自己爱的是一个女人，重她敬她，对她忠诚，感觉甚好，也明白她对自己的承诺。但有那么一天，他遇见一个女人，她接住了阿尼玛的投射。对阿尼玛，他虽然一无所知，对投射也不甚了了，但却知道这个“女人”事关自己人生的完满，似有一层金光笼罩，只要跟她在一起，人生便充实、有意义。

就在那一天，西方心灵中的两股敌对势力手执利剑，在他的内心开战。两种道德观开始决斗：一边是他的“人类”道德观，告诉他背叛妻子是不对的，这样下去势必会毁掉他们的关系。他的本能警告他，叫他要保住他所拥有的，珍惜那份得以长久滋润他人生的爱，珍惜他与妻子共同建立的那份稳定与相互信任。

但另一方面，他的无意识心智传来另一种声音：恋爱道德观。恋爱告诉他，只有跟随阿尼玛，生命才有意义，而且他一定要在“别的女人”身上追寻自己的灵魂——只要去做就对了，因为爱情自在其中，爱情才是一切。情药道德观告诉他，他必须追求爱情，不计任何代价：他有“权利”去“恋爱”，随他高兴；那才是生命的全部！对他自己来说，有一个“责任”确定不移，那就是务必获得他所能的最欢愉的、最强烈的。古代的卡萨及宫廷骑士与佳人全都在向他低语，异口同声：“真爱”在婚姻里面或世俗的关系里面是找不到的，“真爱”只存在于妻子以外的女人——一个女人，他不当成女人看待，而是视之为女神的形象。

正是这一套信念牢牢捆住崔斯坦；无论是与伊索德幽会于高大的松树下，或浪迹于荒林野径中，也正是这条法则让崔斯坦坚守不渝。我们唯一听到的反对是老奥格林严厉的声音：

“一个人背叛了主子，就该五马分尸，烈火烧死，骨灰所落之处，寸草不生……崔斯坦大人，按照罗马的律法，把王后交还给那个和她合法婚配的男人……好好忏悔吧，崔斯坦。”

这个老家伙落伍得令人讨厌，全是古旧时候的观念。那些老规矩从他的嘴巴里吐出来，听起来实在刺耳。他耳提面命，我们却只觉得可笑，一文不值，不过是老旧时代的道德观，痴人说梦。

但话又说回来，每种道德理念自有值得我们深究的地方，再怎么说，它都是一套人类的价值。这些价值，绝不是用稀薄的空气随便编织出来的，而是源自人类的心，与之相对应的则是某种人类不可或缺的需求。道德通常很快就会成为一种社会表层系统，并因僵化而与人民真正的需求失去联系，沦为专断的规范。但我们不妨看看其背后的人为运作，找出它所满足的真正需求。

老修士的话讲得刺耳，无非是要求忠诚与承诺——特别是在婚姻上。奥格林呼喊的是，人类必须相互依赖，唯有真正履行彼此所许下的承诺，否则人类的生活将无以为继，关系无法维持，也无法以任何有意义的方式落实彼此的爱。奥格林明白，崔斯坦与伊索德不仅抛弃了对性的忠贞，也抛弃了所有的忠诚、承诺及责任，唯一没丢掉的是——忠于自己的爱情。

然而，忠于自己的爱情并不等同于忠于一个人。但在我们的文化中，两种东西却完全混为一谈。追寻爱情，我们不遗余力，我们全都在追求永远的“爱情”；在我们的想象中，这与忠于一个人是同一件事情。但爱情会消退，爱情会转移到另一个吸引我们的人身上。如果我们只是跟着自己的爱情走，便不可能对一个人维持真正的忠诚。

在人类的社会体系中，忠诚与承诺就是原型，对我们来说，其必要性犹如食物与空气。人类需要稳定、忠心及持久的亲密关系，奥格林的道德，忠诚的道德，就是源自人类这种深层的需求。

每一个人都在寻求“忠诚关系”，几乎无人例外。绝大多数人都明白这也是自己所需要的，而且不断地谈论与阅读“亲密关系”的相关议题。但每当谈到“忠诚”时，我们就先被自己先入为主的假定搞砸了。我们总认为，“亲密关系”唯一的、非它不可的要件，就是“恋爱”。事实上，就亲密关系来说，爱与忠诚才是核心要件。如果我们用心看就会发现，相对于爱与忠诚，恋爱是一套完全不同的能量体系，是一组截然有别的价值。种瓜得瓜，既然我们要的是恋爱，我们得到的就是恋爱——不会是忠诚，不会是亲密关系。

一个男人会对一个女人忠诚，只有一种可能情况，那就是他真正发自内心地认定，她就是那个与自己一体的人，纵使两人不再“恋爱”，感情不再炽热，在自己心目中她不再是完美的理想，或自己灵魂的投射，仍然对她不离不弃。当一个男人真能发自内心这样说，而且说到做到，那么，他也就真正懂得了忠诚的真谛。但他应该也明白，他的内在正面对一场战斗。情药的威力无穷，在我们的内在，新的恋爱道德根深蒂固，控制我们，支配我们，不管我们如何抗拒。把情药放到对的位置上，与其共存却不背叛自己的亲密关系，这在现代西方世界，对任何男人来说，都是意识最难做到的事情。

在高耸的松树底下，我们看到的正是这两种道德的冲突：恋爱的道德与人类忠诚的道德。在我们每个人的内在，打从远古时代，这两股势力就已经不声不响地布下了阵势，打一场鏖战千年迄无休止的争战。这场战争，战斗决定不了胜负，因为双方旗帜鲜明，标榜的都是我们所需求的真理，不容丧失也不容摧毁。但两军兀自交锋不止，欲置对方于死地，直到最后，明白了原来两者各主人生的不同层面时才会停战休兵。恋爱的道德是灵魂的真理，是内在世界的真理，是“魔幻花园”的真理，是内在生命的依据；隐藏在奥格林道德中的则是人类忠诚与承诺的真理，是外在生活的依据，属于人际关系的层面。

至于我们的角色则是调解人，是中介者——找到一个平台，让两者的真理得以落实，获得实现。当两者的需求都得到尊重，我们内在的两个世界都得到了尊重，这些古老的势力自会放下武器，达成和解。

| 第十二章 |

默罗伊的第四年

情药的药效长达三年：

“此为伊索德的母亲所炮制，使其得有三年之爱。”

在第一个、也是最古老版本的崔斯坦与伊索德故事中，诗人贝洛尔如是说。

药效三年，绝不是随便订的；崔斯坦与伊索德在第四年离开默罗伊森林也绝非偶然。数字即象征：数字三与数字四代表意识的特定阶段。四是象征圆满、统一与完成的符号。四元素（译按：地火风水）、四方（译按：东南西北）、四季、曼陀罗的四边，全都是史前意识统合的普世象征。在梦及神话里面，四的出现——无论四个物件、四个人，或四个时段——显示的都是统合可能要发生了，心灵正朝向结合发展，或朝向完成的演化正在进行。如果愿意付出代价，新的意识层面将应运而生，亦即新的开始蓄势待发。

相对地，三是未完成的象征，是我们意识到自己不完整的阶段，我们不了解自己，却无法解开生命的困惑。三是动态的，从不休止，永远在寻找失落的要素，亦即统合所需要但下落不明的第四要素。三所代表的阶段，是我们尚未意识到自己是一个整体或完满。我们努力寻找、追求意义、答案，以及真正通往自性的看不见的道路。生命失落的部分失而复得，三就变成为四,四则可以成为一，亦即如实地意识到自己的完整与个体性。

我们都知道，崔斯坦父亲死后，布朗瑟芙勒哀痛三天，崔斯坦在第四天出生。我们也都听到，摩哈特与崔斯坦决斗于小岛上，惨叫三声，他的命运随之终止。在我们的神话中，三与四还会重复出现，甚至在崔斯坦生命的最后时刻。崔斯坦与伊索德在默罗伊居住三年，但却是被魔法困在林中。我们都知道，他们生活有如野人，面容憔悴枯槁，衣衫褴褛破损，食野味根茎，却不以为苦，因为，他们饮下了魔酒，醉眼相看，唯有在彼此的梦中才是清醒的。在这对恋人的眼里，默罗伊就是一生一世，是“魔幻花园”。但我们旁观者却明白，恋爱的投射并不是一生一世，只是感觉起来像而已。恋人栖身于三的象征之下，我们于是知道，森林之外还有一个更广大的世界。

当三年过去，魔法突然失效。无形发展的时钟暂停，报时钟声响起：默罗伊进入了第四年。马克王不可思议地现身，走进他们的小屋，留下了他的剑与戒指，代表他的律法与爱的信物。他召唤崔斯坦回到世俗人生，召唤伊索德——崔斯坦的灵魂——回归她在内在世界的位置，回到他的王座旁边。事情有了新的进展：收成的时间来临，新生活就此揭开序幕。

一旦陷入“恋爱”，每个男人就此遁入默罗伊森林，整个存在聚焦于自己恋情的想象，因为，他深信他已在自己的投射中“找到自己”，发现了生命的完满，但他却不知道，自己在默罗伊森林的迷雾中脱离了世界，迷失于自己的投射所产生的迷惘。在默罗伊森林中，同他一起生活的，既不是嫁娶进门的女人，也不是他要寻找的阿尼玛，只是阿尼玛的投射而已——一个明亮耀眼的形象，如幻似真，纵使搂抱在怀，却缥缈如风，若隐若现于树间、石后或水雾之中。对于这种情形，他不由自主，因为他已经完全为情药所蛊惑。但时刻终将来临，待时间一到，药效破解。

崔斯坦一梦三年，自梦中醒来，发现王在自己睡梦中已经来过。王的信物代表和解，提醒崔斯坦俗世的存在，一个他已经忘失的世界——朋友、嗜好、工作、责任、热情、人群、关系——所有外在于“魔幻花园”的一切。崔斯坦决定把王后还给王，还给她的人生，还给她“绫罗绸缎的宫闱”。

也就是在这个节骨眼上，男人第一次有机会走出自己的投射进入亲密关系。药力失灵了！内在的王找回了自己！如果他看到了这一点并予以接受，一个新的时期就此来临。这个由“四”所象征的进展，是命运给他的一次大好机会。药力解除，重获自由，男人得以看清楚，他所爱的女人与自己对她的投射实际上是两码事，由此，他也了解，自己所投射的其实是自己的一部分，是自己内在的潜能，由于他一直想要通过女人活出这一部分，所以从未与之接触，从未加以了解。

默罗伊森林第四年所带来的启示具有双重意义。收回了恋爱的投射，也给了他一种能力，能够认清一个女人之所以为女人的角色，由此而能与她结合，尊重她是一个个体，而非他迷失的灵魂之载体，或他自己未曾活出的生命。唯其如此，也才可能将她当成一个女人，一个平等的个体，一个自主的存在。唯其如此，才有可能接纳她，开始认识她这个人，认识她的方方面面，认识她的力量与天赋——所有这一切是如此不同于自己，但又是自己的世界所不可或缺的。

但奇怪的是，对于恋爱的这一个阶段——魔力解除了——多数男人的反应，反而像是什么大不幸的事！这分明是一次演化的关键，开启了大好机会，但他却莫名其妙地以为是一次灾难。

一个男人对一个女人的投射突然消散时，通常都会说他不再“迷恋”她了；她只是一个普通人，不再是自己幻想的化身，他感到失望，他所做的一切仿佛都是她的错。假如他睁开眼睛就会看到，魔咒失灵为他开启了一个黄金机会，让他可以如实地发现那个真实的人。同样地，这也是一次机会，让他发现自己所不认识的一部分自己——他投射到她身上，想要通过她而活的那一部分。面对新的时期，一如多数男人，崔斯坦悲叹自己命运多舛：

“他要带走王后了！我怎么活下去？”他以为自己若不能借由投射拥有伊索德，便无法完全拥有她。

有一点非常重要，不可不知：崔斯坦其实并未失去女人，也没有失去阿尼玛。真正的麻烦在于：他会在哪个层面与阿尼玛共存？他是要为自己找回自己的灵魂，将之当成自性的一部分来对待？为自己未曾活过的生命负起责任？把灵魂还给内在的王，真正的意思是：开始为活出自己的灵魂负起责任，而不是去找一个女人来做替身。

对现代男人来说，这个问题还真是痛苦。他已经适应了习惯的模式：自己未曾活出的自性部分，他一向是通过别人来活，因此，一想到就此要将这个别人丢掉，简直就是灾难。在他看来，生命的喜悦与强度若要得到满足，全有赖于有朝一日出现一个女人，造就他生命的完整与完满。要他和一个女人一同生活，与她朝夕相处，却又不能通过她活出自己，这对他来说根本就难以想象。

对女人来说，这个问题同样困难。许多女人摆明了姿态，如果要她一辈子扮演家庭主妇、生儿育女、做仆人的角色，她们再也不干，但叫她们不要扮演男人投射阿尼玛的荧幕角色，却没有几个做得到。我们的文化把女人训练成了一种角色：不是一个人，而是一面映照男人的理想或想象的镜子。有如今天好莱坞的新进女演员，她装扮自己，塑造自己，使出浑身解数，一举一动，一颦一笑，使自己成为阿尼玛形象。作为一个人，她必须少一些，作为男人想象的化身，她则必须多一些。

许多女人习惯了这种角色，叫她改变她还不情愿。她们宁愿继续扮演男人的女神，而不愿意做世俗的女人，她要受人仰慕崇拜，有如神，其间自有令人向往之处。但死守着这个角色可是要付出沉重代价的。既然把她当成女神看待，男人就不会把她当成女人般接纳，他接纳的是他自己的投射，是他加诸她的那个自己的内在女神。一旦投射离去，从她身上转移到别的女人，他的崇拜与仰慕也就随风而去。他与她的关系如果不是人对人的，那么，投射一旦消散，便什么都不剩了。

多数人都明白这一点，所以才花费极大的精神和时间，想方设法维持他们之间的投射，维持他们之间的想象质量，维持那种此情只应天上有的感觉。如何“维持婚姻的浪漫”“维持亲密关系的热度”或“确保配偶始终爱你”，每谈到这方面的技巧，人们都说，“亲密关系”唯一可能的根基就是“投射”。在他们看来，一旦投射消失，亲密关系也好，婚姻也罢，全都失去了根基，因此，多数挽救婚姻的技巧不是别的，就只是如何善用投射，使之持续不断而已。若说两个普通的世俗中人可以发展出亲密关系，两个普通、不完美的人彼此可以相爱，又可以断然任投射离去，这对现代西方人来说，根本就是无法想象的事。然而，这却也是必要的。到头来，唯有两个人都承认，相互看来对方无非是不完美的普通人，彼此相爱，不带任何幻想，没有过高的期望，唯其如此，亲密关系才能持久。

投射自有其本身的法则。我们可以利用投射，可以下功夫予以激化，使其活跃一段时间。但到了象征性的“三年”过去，时候一到，情药的魔力消失，投射随即离去。到了那个时候，我们全都是崔斯坦，待在默罗伊，面对问题，准备做出抉择。

结束了默罗伊森林的岁月，一个男人若走对了路，一个新的世界将为他敞开。他将发现，有些他自己的部分、潜能及力量是无法通过女人活出来的。他将发现，所有自己未曾活出来的生命，以及未曾落实的自性，都不能寄望于女人。他终于明白，有些事情必须亲力亲为，必须为自身设想：他必须有自己内在的生活；必须追求对自己有意义的价值；必须将兴趣与热情专注于发自灵魂深处的事情，而不是只放在和女人的生活上。这，就是崔斯坦放在他和伊索德中间那把未上鞘的剑，那是他的个体性的意识，是他的生命，有别于他放在女人身上的生命。

这样做不仅无害于他与女人的关系，相反地，反而更有利于亲密关系。由于他不再把女人当作自己灵魂的载体，他跳脱了出来。有史以来第一次，他可能把她当作一个女人看待，理解接纳她的个性、她的独特性，以及她的人性。他明白，她也是一个个体，有她自己的人生，有她存有的理由。她也不能把自己全都投射到他的身上，透过他来活出自己，把自己的人生当作他未曾活出的自性的陪衬。

在此一演化当中，潜藏着一个极大的风险：一方面要充分维持自己的个性，另一方面又要真诚接纳另一个同样情况的人。离开默罗伊森林，将伊索德还给王，把自己的灵魂回归自己的内在，一个男人才彻底认清一个事实：自己是一个独立的个体。由此又觉悟到，自己有一部分是无法通过别人活出来的，只能完全靠自己，进而意识到，自性的宽广与复杂远远超出自己的意料。因此，当他意识到了自己的独特性时，便也能够接纳一个女人的个体性。真正个一体化的关键不是别的，而是能够理解接纳别人，并尊重对方为一独立的个体。

不幸的是，在我们的演化中，正是在这一点上，我们拥有丰富的机会，但多数人都错失了。离开默罗伊之后，他们选择了迂回的道路，返回森林，回到了自己的投射。

当一个男人清楚自己一直想要通过另外一个人活出自己时，往往没能了解个中真意，就跳到了错误的结论。谈到和妻子的分手，他会说是为了“找回自己”，他想到，婚姻期间有那么多的事情没做。他要活得有方向，要实现一些目标，因为，他觉得生命不断在流失。他要重回学校，要展开新的生涯，要改善自己，要节食，要去想去而没能去的地方，要做想做而没能做的事情。

如果客观地审视这些想法，他会发现，其中多数的事情，在婚姻或亲密关系中都是完全可以做到的。他大可不必发明一个“有此无彼”的观点，说什么：“个体化或婚姻，只能择其一。”事实上，他之所以一事无成，既无关结婚也不是妻子挡住了他的路。真正的关键在于，他从未要求自己或认真想过要为自己完成这些事情。一直以来，他指望妻子活出他没能为自己活出的人生，指望她使他的人生完整，他无须努力也能完满。如此这般，临到了那一天，他突然发觉，自己不完整、不完满；他在自己的发展上一事无成，却把一切都怪到她的头上，而不知反求诸己。他说，她挡了他的路，“拖累了他”，妨碍他“做他自己”。这种心态只会使投射持续循环，重回默罗伊森林的迷雾及泥沼。一个男人走到了这一步，通常都会毁了亲密关系，还大言不惭地说，他要如何如何改变自己的人生，然后，去找另一个女人，解决他的问题，使他得以完整——结果白忙一场。他又重蹈覆辙，想要通过一个女人活出自己的无意识自性；他换了女人，但方式不变，过着同样的生活。他的“个体性”变成一种逃避，一条恶性循环重回森林的老路。但他若守住那份关系或婚姻，为发展自己的个体性负起责任，才有可能真正面对问题。

我们最需要了解的是，人生有两者缺一不可：我们既需要个体性，也需要和一个特定的人维持亲密关系，不能为前者牺牲了后者；男人若不能充分理解接纳，就不可能是完整个体；只有当他成为完整的个体，理解接纳的能力才能随之成长。人生的这两个特质同套一轭，其关联既深远又古老，因为，两者本来就是同一个原型的两面，是同一个实有的两个特质。

正因为如此，默罗伊的第四年，随着魔咒的解除，重大的演化才有可能。也正是此一大好时机，造就了个体性与关系的结合——化解我们内在这两股巨大能量之间莫须有的冲突，使两者得以在统一体的人生中落实。

崔斯坦必须割舍。他以为自己不得不放弃阿尼玛与女人，事实并非如此。他只是不得不放弃他处理阿尼玛与女人的方式而已。他必须停止通过投射活出自己灵魂的宝贵权利，必须停止要求女人为他附在她的无意识。他如果做到了这一点，做得干干净净，他便会发现，他以为自己已经失去的全都会回来：他的灵魂将会以一种内在的体验回归，他将发现另一个伊索德，一个俗世的女人，在默罗伊森林外，在他的投射世界的迷雾之外，一直等待着他。

割舍自有其法则：在错误地方的所得，男人若真正放弃了，自会在对的地方失而复得。与金发伊索德在错误的地方共同生活，他若彻底放弃此一念头，他自会发现，她将会在一个对的、可行的地方回到他身边。事实上，他所得到奖赏还是双重的，因为他将发现他拥有两个伊索德，各自以她们的方式让他体验到她们的存在：一个伊索德是他的灵魂意象，另一个伊索德是女人。

不幸的是，崔斯坦割舍不下。到了最后关头，他的阳性特质及决断力太过软弱。他和伊索德秘密安排，他留在附近，与她密会。他收下了她的翡翠戒指，那是她的保证，任何时候，只要他唤她，她就去会他，再度背叛了王。他为自己保留了权利，将她留在投射的世界，将他们的关系放回旧有的状态，重新开始私通、密会、破坏誓言及背叛的循环。

崔斯坦若信守承诺，利落割舍，便能够将他与伊索德的关系提升到新的层次。无奈他割舍不下，私下破例，演化随之流产。象征此一未能做到的割舍的则是翡翠戒指，因为，正是以这枚戒指为凭，他们约定了互不割舍。我们很快就会看到，在故事结束前，这枚翡翠戒指演出了多么可怕的一场骗局。

一个人的命运达到人生的某一点时，魔咒破除，得以离开默罗伊森林，那就是决定与割舍的时刻。无论是对金发伊索德或是对女人，内在的王都要求我们营造一种新的生活方式。

处理类似这则神话中所描绘的原型材料时，务必要记住：其中所表达的理想未必可以直接转化至现实生活。如同罗马人的避孕观点、传统的离婚观点，以及一夫一妻制，都是文化采纳为准则的理想；同样地，崔斯坦与伊索德中所提出来的理想无非也是一种崇高的观点，在人类事务的交流中未必可以放诸四海。关于这一点，下面这一段撷取自《易经》（I Ching）的叙述，倒是颇为令人鼓舞：

在中国，一夫一妻是正统的规则，每个男人都只有一个正式的妻子。婚姻，与其说是两个人的事，还不如说是一整个家族的事，有一套严格的规矩。但丈夫在个人的爱好上却也拥有一己的权利……

——《易经》第 209 页

从这一段有关古代中国的细致观察，我们总算获得一些鼓舞：理想往往是崇高的标杆，但未必都能达成。

Ⅳ

玉手伊索德出现，以及爱与死的结合

故事情节

现在，我们回到故事，从上次看到崔斯坦说起。当时，他流浪异乡，远离伊索德与家乡康瓦尔，“崔斯坦逃避伤痛，独航大海，遍走岛屿，远走他乡。”没有了伊索德，生命空虚，虽生犹死，他渴望一死，以解伤悲。但他又在记忆中牢牢攀附着她，以滋养伤悲，仿佛伤悲就是生命的一切，并拒绝所有其他的女人。他远走异域，投入战争及冒险，漂泊不定，始终无家。

“我心倦怠，活着于自己毫无好处；佳人在远方，无缘再相见。两年过去，我浪迹天涯，她为何一点音讯也无，为何不差人送个消息？但在廷塔哲，马克王赐她荣宠，而她取悦于他……至于我，人已忘我，何我独不能忘？我心郁郁，难道无人能医？”

崔斯坦没有答案，但上苍很快就会给他一个答复。崔斯坦纵骑进入不列塔尼（Brittany），悲惨景象落入眼里，但见土地荒废，城镇空荡无人，田亩成为焦土。一个修士对他说：“晚安，骑士，我们的王霍伊尔（King Hoël）被他的诸侯南特斯（Nantes）李奥伯爵（Count Riol）围困在卡尔海克斯堡（Carhaix），李奥，那个大叛徒，任令土地荒废。”于是，崔斯坦催骑来到卡尔海克斯堡城下，向王呼喊道：“我是崔斯坦，莱昂列斯王，康瓦尔的马克王是我舅舅。你的诸侯对你不忠，我特来助你一臂之力。”

但王并不放崔斯坦入城，因为卡尔海克斯缺粮，气数已尽，离惨败不远。倒是年轻的王子卡赫丁（Kaherdin）进言道：“父王，这名骑士极为杰出，让他进来，瞧他何等气魄，或许可以分担我们的幸与不幸。”卡赫丁隆重接待崔斯坦，待他如友如兄，领他巡视城堡、设施及地牢。如此这般，两人携手来到女眷宫闱，卡赫丁的母亲及妹妹正在英格兰布上绣金，唱着女红歌谣。崔斯坦行礼毕，卡赫丁说：

“看，吾友崔斯坦，我妹妹绣金于布上，多巧的一双手。对了，妹妹，大家都叫你‘玉手伊索德’（Iseult of White Hands）吧。”

但听在崔斯坦耳里，不觉一惊。只见他微微一笑，深深望她一眼。

如今，叛臣李奥率大军兵临城下，扎营卡尔海克斯三里之外，入夜可见营火，团团围住城堡，切断城中粮草。但自那一日起，崔斯坦与卡赫丁带领着几名忠心的骑士每天出城突袭，行动隐秘，勇敢无畏，每次皆有斩获，带回满车粮草及武器。卡尔海克斯又点燃了希望，霍伊尔王的人士气大振。李奥军中则流传着谣言，说有两名骑士所向无敌，总是联袂出击，叛徒闻之色变。

卡赫丁出战必与崔斯坦并骑，同进同退，互为奥援。每战凯归，谈笑风生，所谈不外骑士精神、侠风义行、爱与冒险。但见两人感情日益深厚，亲逾兄弟，情义相待。与崔斯坦并辔而行时，卡赫丁总会说起妹妹伊索德种种的好处，跟他说她的美丽、善良及单纯。

一日，李奥伯爵率大军及围城机械猛攻卡尔海克斯，但崔斯坦与卡赫丁毫无惧色，率领骑士出城迎战。崔斯坦纵马直取李奥伯爵，两人单挑独斗，以剑对决，战至李奥的头盔被崔斯坦劈裂，高喊求饶。李奥投降，鸣金退兵，进入卡尔海克斯堡，向霍伊尔王输诚，宣誓效忠。

待一切事情告一段落，卡赫丁向父亲禀报：“父王，请您留下崔斯坦，让崔斯坦娶我妹妹，成为您的儿子，我的兄弟。”王欣然同意，对崔斯坦说：“吾友，你已赢得我的爱。现在，迎娶我的女儿，玉手伊索德，王与后之亲生，先人则为公爵。娶她，她是你的人了。”

崔斯坦答道：“陛下，我愿意娶她。”

因为，崔斯坦已经忘记了伤悲；崔斯坦活过来了。他爱玉手伊索德，因她的善良，因她的美。他爱他的兄弟卡赫丁；他有大好的前程，有一个王可以效力。因此，他说：“我愿意娶她。”

崔斯坦阁下与不列塔尼公主玉手伊索德结婚，在大教堂的大门，伊索德满心欢喜，卡赫丁心满意足，百姓欢欣庆祝。

但当天夜晚，仆人伺候崔斯坦宽衣，一枚翡翠戒指自他手指上滑落，掉在石材地板上，发出清脆声响，听在崔斯坦耳里，却有如丧钟之鸣响。崔斯坦一惊而醒；凝视着戒指，想起了远在康瓦尔的金发伊索德。猛然间，伤悲回来。

“啊，我的心在提醒我，我犯了大错。这戒指是你在森林里给我的，在那里，你为了我吃尽苦头。我还怨怪你背叛我，那真是大错特错。现在，我才是在背叛你呀！竟娶了别人。我可怜我那新婚的妻子，为她的信任，为她的单纯。看哪，两个伊索德竟都碰上我这个邪恶的人！两个我都不忠！”

新婚床上，崔斯坦躺卧，沉默冰冷有如石头，把新婚妻子冷落一旁。最后，她忍不住问道：“大人，我做什么事惹你生气了，或是我做错了什么，为什么连丈夫的一个亲吻都得不到呢？”

于是，崔斯坦编了一个故事。他说，以前他为一只恶龙所伤，倒卧病榻等死，向圣母发下神圣誓言：若她治好他，有朝一日他结婚时，他将一年不亲吻新娘，不同她行欢。他说："我必须信守誓言，否则触怒上帝，必有凶险。"伊索德接受了，但到了次日，当仆人为她戴上已婚妇人所穿戴的头巾时，她为自己伤心叹息，心想，她哪里够资格戴上它呢！至于崔斯坦，愈发沉默，凝视着手上的翡翠戒指，心里因金发伊索德难过。

随着时间过去，玉手伊索德终于忍不住，把秘密告诉了兄弟卡赫丁。卡赫丁这才知道，崔斯坦居然从未让她成为他身体上的妻子。卡赫丁先是吃惊，继而大怒，催马去找崔斯坦，说道：

"尽管你是我最珍爱的朋友，亲如兄弟，我断不能让这样的羞辱就此罢休。现在你要决定，要么让我的妹妹成为你真正的妻子，要么就接受我的挑战，我们兵刃相见，洗刷我妹所受的奇耻大辱。"这一来，崔斯坦只得和盘托出，把除了修士奥格林之外未曾对任何人吐露过的事情都对卡赫丁说了：他对金发伊索德的爱慕，他们如何在大海上饮下情酒，如何日日夜夜身心受着痛苦与渴望的煎熬，默罗伊森林的时光，麻风病人与火刑柱，互换誓言，以及翡翠戒指。"如今我只知道，没有金发伊索德，我生也不能死也不能，活着，只是一个活死人。”

一路听下来，卡赫丁怒气渐息，最后，他同情地说：“吾友崔斯坦，像你所承受的悲痛，换作任何人，上帝都会保佑！且让我想清楚这一切，给我三天时间，我再来跟你算账。”

三天之后，卡赫丁对崔斯坦说：“吾友，你的问题我仔细想过了。是的，你说得没错，待在我们这里，像你这样如失心疯一般，根本无法过一个正常人的日子，对你或对我妹妹玉手伊索德都没有好处。听听我的建议。我们两个一起到廷塔哲堡去，你去看王后，了解一下她是否还爱你惜你，是否仍然对你一片痴心。若她已经忘了你，或许你会更加疼爱我妹妹，心地善良、心思单纯的伊索德。我陪你去，我们是生死之交，不是吗？”

“兄弟，”崔斯坦说：“所言甚是：君子一言抵一国之金。”

卡赫丁与崔斯坦化装成朝圣者，乘船渡海前往康瓦尔。以翡翠戒指为凭，崔斯坦传信给伊索德，要求见面。但金发伊索德心有犹豫：崔斯坦娶玉手伊索德的事她已经有所耳闻，心想崔斯坦背叛了她，爱上别的女人。但她还是同意了……她该怎么做呢？她安排会见崔斯坦，却又听闻了更多的流言。最后，崔斯坦终于来见她，伪装成乞丐，她却叫贴身仆人加以殴打驱逐。崔斯坦伤心离去，与卡赫丁渡海返回不列塔尼。伊索德听说崔斯坦绝望离去，知道自己做错了，伤心悔恨，日夜痛哭不止。

在卡尔海克斯，崔斯坦郁郁不乐，妻子安慰不了他，探险、狩猎甚至生活本身都失去了吸引力。最后他说："我一定要回去看她，再见她一次，就算是死了也强过思念她死在这里。人活在悲伤里，就像一个死了的人，我宁愿就此死了，但王后会知道我是因她的爱而死。我只要知道她为我痛苦一如我为她痛苦，那也就值得了！"

崔斯坦再度一身朝圣者打扮，没有告诉卡赫丁，启程返回廷塔哲。他以泥巴涂脸，扮成小丑、傻瓜、发疯的流浪弄臣，来到马克王的王宫前面，高声呼叫王："把王后伊索德给我交出来，我要抱着她，替你来爱她。"

王大笑问道：“你要到哪里把她弄到手呀，傻瓜？”

“啊，很高很高，在云与天之间，在明晃晃的房间里。里面阳光穿透，但风却不惊扰分毫。那儿，我要带王后进到我的水晶房间，玫瑰与晨光交融。”

依靠装疯卖傻，崔斯坦就此混进了王后的寝宫，向她出示翡翠戒指。伊索德起先还怀疑，但终于认出是他，倒入他怀中。情欲使人疯狂，连着三天他都故技重施，与她尽情欢乐，直至警卫起疑，他才知道该离开了，否则定会被捕。

“爱人，我必须赶紧离开了，因为他们起疑了。我必须赶紧离开，否则就再也看不到你。我的死亡近在眼前，你不在我身边，我将因思念而死。”

“啊，爱人，”她说：“紧紧抱住我，压碎我们的心，让我们的灵魂终于得到解脱。带我去那很久以前你说过的快乐之地，带我去那无人回归之地，却有伟大歌者永远歌咏。带我去吧。”

“我会带你去，去到那永生女王的常乐殿！时候快到了。当一切结束，我若唤你，你会来吗，爱人？”

“爱人，”她说：“唤我，你知道的，我一定会来。”

预言死亡，一语成谶。崔斯坦匆忙离去，伊索德再见他时他已不是活人。

崔斯坦回到卡尔海克斯，还是不碰妻子，人间欢乐从未点燃他的眼睛，从未有喜悦照亮他的脸庞。一段时间后，他纵骑赶去协助卡赫丁，对抗敌对的贵族，两人遭到埋伏，尽管手刃七名包围他们的骑士，崔斯坦却被毒矛刺伤，命在旦夕，致命的毒药在他的血管中奔流，医生、巫师皆束手无策。但崔斯坦唤来卡赫丁说：“兄弟，我已无药可医，拿这枚翡翠戒指去找金发伊索德，告诉她，她若不来我将活不下去；叫她一定要来，因为我们同饮了自己的死亡，叫她记取我的誓言，一生唯有一爱，我做到了。”

于是，两人约定好信号：若卡赫丁带金发伊索德回来，便升白帆，若伊索德拒绝同来，便升黑帆。

“好兄弟，不要哭。”卡赫丁说：“因为，我定不负所托。”但玉手伊索德在门口全都听在耳里，几乎当场晕倒。她终于了解丈夫拒她于千里之外的原因。从那一日起，她虽不动声色，却苦思报复——报复金发伊索德，是她，夺走了她的丈夫，是她，夺走了她的人世欢乐。卡赫丁乘船直驶廷塔哲，好风相随。来到王的宫廷，他伪装成商人，向王后展示他的商品，将翡翠戒指放在她面前，轻声转达了崔斯坦的信息。王后立即出宫，秘密登上卡赫丁的船；但见船行海上，伊索德看着船首穿波破浪，凝目遥望卡尔海克斯。

崔斯坦太过于虚弱，无法到卡尔海克斯的海崖上瞭望。但每日躺卧小床，他都问妻子是否看见船回来。一天，她终于看到船出现在海上，白帆鼓风而来。于是，她把心一横，她可以报仇了。到丈夫那儿，说："大人，我看到船了。"

"帆呢？"崔斯坦问："什么样的帆？"

"哎呀，颜色吗？"她说："黑色的。"崔斯坦转身面对墙。

"我活不下去了。"他说。然后缓缓说道："伊索德，我的爱人。"缓缓地，反复四次，说完，咽下最后一口气。

这时候，海上起风，吹袭船帆，将船推上海岸，伊索德登岸，听到街上有人扬声哀悼，大小教堂钟声齐鸣；她问百姓，丧钟为何而响，眼泪为谁而流。一名老人对她说：“夫人，我们有着巨大的悲伤，大忠大义的崔斯坦死了。这实在是这块土地的大灾祸。”她直冲而上王宫，斗篷飞舞如狂。不列塔尼人莫不惊讶于她的出现，从未见过如此美人，问道：“她是谁？自何处来？”伴着崔斯坦，玉手伊索德蜷缩在旁，因自己所遭的灾难而疯狂，呼喊并悲悼着。金发伊索德进来对她说：“夫人，起来，让我到他的身边；我比你更有理由哀悼他——相信我。”

只见她转身向东，祈祷上帝，稍微移动一下遗体，在崔斯坦，她的爱人，旁边躺下，吻他的嘴和脸，紧紧抱住他；如此这般，她舍弃了自己的灵魂，因哀恸恋人，依偎着他死去。

消息传到马克王那儿，他渡海而来带他们回康瓦尔的家，为他们各造一座精美的墓，分葬于一个小礼拜堂的左右。一天夜里，一丛野玫瑰萌芽生于崔斯坦的坟上，枝强，叶绿，花香。很快地，攀过小礼拜堂，着根于伊索德的坟上，历经许多人世，茂盛，美丽，芳香。

崔斯坦和伊索德二人之死

恋爱中的人
荣格观点的爱情心理学

WE:
Understanding the Psychology of Romantic Love

| 第十三章 |

谜与矛盾

我们已经跟着崔斯坦与伊索德走完人生旅程，看尽了他们的欢乐、痛苦与最后的死亡。但旅程还没有结束，因为，这一趟旅程要分两趟来走。一趟是经历之旅，一趟是学习与理解之旅。现在我们要做的是，退一步问：这段旅程的意义何在？我们能学到什么？

在故事最后也是最戏剧性的部分，有一些难解的谜、问题及矛盾，有待我们加以审视与厘清。唯其如此，在我们继续探讨其中的象征时，才能够将之放在心上，作为参考。

最显而易见的矛盾，就是崔斯坦拒绝接受玉手伊索德。故事的这一部分，一开始时，崔斯坦徘徊于绝望与孤独之间，他呐喊道："为什么我连一个能治愈我不幸的人都找不到？"

他的问题很快就有了答案。他得到了玉手伊索德、卡赫丁，以及一个可以效力的王及体面的生活，但他拒绝了，为什么？这根本就不符合做人的道理。他不能和金发伊索德营造一种人类的亲密关系，他把她还给了马克王，金发伊索德在那里有自己的生活。但他也不和玉手伊索德共筑人类的生活，为什么？

他相信，自己注定了要受苦和孤独一辈子，他根据的是哪门子奇怪的道德，哪门子奇怪的“对”与“错”，“忠诚”与“背叛”的观念？他相信，自己有义务拒绝一个女人和他一起生活，宁愿因渴慕一个他只能供在心里，永远都无法真正拥有的理想化女神而死，这又是为什么？

就人类来说，这根本说不通，这样的心态只会毁掉人生；事实上，它还真的使崔斯坦变成了“活死人”。但就爱情的浪漫来说，崔斯坦的心态却是完全说得通的。每个男人的内在都有一种声音，始终不渝地坚持，真正有意义的是不断追求完美的理想化女性，而不是和真实生活中有血有肉的女人过安定的日子。

每个心理学家都有源源不绝的个案在问：“为什么我连一个能治愈我不幸的人都找不到？”这也是我们这个社会中的人最常提出的问题。但多数人还是在走崔斯坦的老路。男人的生命中，出现了一个有血有肉的世间女子，爱他，接纳他，到头来，他却因为她不符合理想的典型——那个只活在他内心的金发伊索德——而嫌弃她。

在故事的这一部分，第二个难解的谜是：崔斯坦与金发伊索德之间到底是什么样的“爱”？跟随着他们，一路下来，我们全都把它真当一回事；说到底，无非就是我们西方的浪漫在作祟。但到了最后，对于那种目中无人的以自我为中心，两个人以“爱”之名你来我往的行径，我们却又不免疑惑。

崔斯坦抱怨伊索德“马克王赐她荣宠，而她取悦于他”。为什么会这样？如果他真的爱她，难道不希望她和丈夫过幸福的日子？这问题看起来未免天真，假如崔斯坦宣称一切都是因为“爱”，那就问对了。后来他说：“我宁愿就此死了，但王后会知道我是因她的爱而死。我只要知道她为我痛苦一如我为她痛苦，就值得了！”

崔斯坦希望自己所爱的人不快乐，希望她痛苦，这算是哪门子的“爱”？如果他相信她已经和过去和解，与马克王过着幸福的日子，他为什么要回去，并在她的感情上火上浇油？他何苦勾起她的痛苦，破坏她和马克王的生活？

至于伊索德，当她知道崔斯坦和另一个女人结婚了，就因此把他看低，这又是哪门子的“爱”？伊索德嫁给了马克王，同他一起生活。但崔斯坦却不可以娶别的女人，不可以爱别的女人；重要的是，他不可以快乐，这又是什么奇怪的标准？任何正常男人做了的事情，只要他做了，就是对金发伊索德的“背叛”。是什么样的“爱”让伊索德希望崔斯坦孤独痛苦，没有妻子，没有家，没有孩子？

这不是爱。爱是一种有对象的感情，对象是别人，不是自己。爱是希望自己所爱的人幸福快乐，不是一场拿别人做牺牲品的大戏。奇怪的是，在崔斯坦和伊索德的心目中，后者才是“爱”。

按照人的标准，这简直就是倒行逆施：他们彼此相“爱”，却都要对方痛苦、不快乐。他们口口声声“忠诚”，但他们对彼此的“忠诚”却是背叛伊索德的丈夫和崔斯坦的妻子。他们拒绝建立一个家庭，一起过人的生活，却也不让对方跟另一个人过正常模式的生活。

这对我们来说其实并不陌生。我们都看过，许多“恋爱”中人就是如此。多数人也都接受这样的矛盾心态，有的时候，我们想要轻轻带过就算了，但神话里面的矛盾昭然若揭，因为，那全是来自无意识的生猛活力。

随着我们探讨神话的象征，愈来愈清楚的是，最大的矛盾其实是恋爱本身。自成一个心态系统，恋爱正是这些奇怪矛盾的本源，恋爱是两种圣洁的爱不洁的混合。其一，是“神”的爱，如我们在前面讲过的，这是我们对内在世界的自然冲动，是灵魂的爱，对象是上帝或神。另一则是“人类”的爱，是我们以人——血肉之躯的人类——为对象的爱。两种爱都是合理的，是必要的。但由于心理的演化出了一些问题，我们的文化把爱情中的这两种爱搞混了，而且几乎要失去两者。

就其本质来说，浪漫主义与浪漫的爱情都是一种合理的尝试，目的是要恢复西方意识所失去的一些东西。以浪漫主义来说，要恢复的是我们对生命的神性面、内在生命、想象力、神话、梦及灵视。至于这则故事的悲剧，则是在告诉我们，我们误用了浪漫主义的理想，把神的爱放错了地方，以至于毁掉了人的亲密关系。我们所谓的“爱”并不是爱，我们弄反了“忠诚”的意思，是追求一种短暂的理想化意象，阿尼玛的意象，而不是爱有血有肉的人类。

话又说回来，这里要特别提醒的是：在我们检视《崔斯坦与伊索德》悲剧的含义时，必须要记住，恋爱是我们心理演化的一个必要阶段。无论恋爱有多么不好，无论要花多大力气处理我们的关系，我们只能在这条西方的道路上走下去，使混合在情药中的两种爱得以进化及完善。恋爱犹如一条“爱的隧道”，我们不能在黑暗中堵塞不前，必须走到另一头，把矛盾解决掉。对西方人来说，这条隧道非走不可。找到感觉，接近这两种重要的爱，我们唯一知道的途径就是“恋爱”，在矛盾的折磨中学习。

一路往前走去，当幻想破灭，矛盾现形时，千万记住，问题不在于歌颂或诅咒爱情，也不在于保住或丢掉爱情，重要的是使之成为一条通往意识的道路，诚实地体验矛盾，学会尊重爱情中的两个世界：崔斯坦所追寻的那个金发伊索德的神的世界，以及他所拒绝的玉手伊索德的世界。

恋爱中的人
荣格观点的爱情心理学

WE:
Understanding the Psychology of Romantic Love

| 第十四章 |

尘世伊索德

对金发伊索德而言，崔斯坦从没有与她建立过人与人之间的亲密关系，也从未给过她一天有保障的稳定生活，更未带来彼此都需要的温暖与陪伴。回顾一下他们所经历的一切，曲折离奇，惊心动魄。他们秘密幽会，铤而走险，他们被拖往火刑柱，出走逃亡，落难默罗伊森林，跟自然及敌人搏斗。但所有这一切并未转变为一种人与人之间的关系。

恋爱最大的矛盾在于，恋爱只要维持在浪漫阶段就无法创造出人与人之间的关系。浪漫制造高潮、冒险犯难、充满张力的爱的场景、嫉妒及背叛，但如果不脱离浪漫阶段，彼此相爱而不再“恋爱”，就无法进入以血肉之躯来对待彼此的人类关系。

为什么会这样？我们开始明白了，关键在于，金发伊索德是阿尼玛。崔斯坦在她身上所寻求的是神的爱；是无意识在寻求通往内在世界的通道。对金发伊索德，崔斯坦无法形成一般的人类亲密关系，关键在于她是阿尼玛，只是一个内在的人，是象征。

崔斯坦离开康瓦尔，把伊索德留给了马克王，他也就陷入绝望的深渊。在他看来，他失去的其实是附身在一个凡间女人身上的阿尼玛，情形与所有“恋爱”中的男人如出一辙。从他的自我的角度来看，生命失去了意义，因为，在他看来，意义只能在金发伊索德身上寻获。

恋人两地相隔，既不得生，也不得死，因为，生与死一体；崔斯坦为逃避伤痛，独航大海，遍走岛屿，远走他乡。

如此这般，才有了崔斯坦的疑问：“为什么我连一个能治愈我不幸的人都找不到？”

尽管他的自我视生犹死，命运却不曾停下脚步，拽着他继续在人生的道路上行走！那个在卡尔海克斯堡等他的女子，安安静静，不声不响，正是人间生活的象征，玉手伊索德是凡间的伊索德。

一如崔斯坦，这个伊索德，我们根本没当回事，在我们的心目中，唯有自己的忠诚最重要。任何“单纯的”东西，我们都看不上眼。对我们来说，“单纯”

意味着乏味、愚蠢或无知，却忘记了单纯才是人生所不可或缺的：生活的艺术就是在微小、自然、不那么戏剧化的事情里找到意义及乐趣，而最高境界则是从我们制造的混乱复杂中看到生命单纯的本质。但在今天这个时代，我们对玉手伊索德却有着一种集体偏见。如果有一种直接、不复杂而又单纯的关系，可以为我们带来快乐，我们反而不要，说什么“太单纯”“太乏味”。我们耳濡目染，只有高档的、高强度的、高压力的、巨大的、复杂的东西才会得我们的青睐。

《崔斯坦与伊索德》真正的悲剧隐藏在一个既低调又不起眼的地方，我们根本不会注意到。是崔斯坦的死吗？不，人皆有死，不是吗？崔斯坦真正的悲剧在于，他还活着的时候就已经了无生趣，以致活得既不像个人，也活得没有爱。他之所以成为一个“活死人”，关键在此。崔斯坦拒绝玉手伊索德的那一刻，真正的悲剧才发生；也就是在那一刻，他推开了这个世界，以及所有随着人间生活而来的一切——人类的爱、接纳，以及所有的欢乐。

就我们西方人来说，随着母乳，我们一同喝下了恋爱的乳汁，玉手伊索德？显然是个小角色。我们迷上的是另一出戏码：秘密相会及别离，私下密谋，以及崔斯坦与金发伊索德之间那不属于人间的熊熊欲火。但我们若退回去，把眼光放到玉手伊索德身上，或许恰如卡赫丁所说：“或许你会更疼爱我妹妹，心地善良、心思单纯的伊索德。”

这个伊索德代表着不同于内在阴性的一面，是我们之前未曾接触过的。她的一双“玉手”隐含着多重象征，细致白皙之外，更擅长于生活事务。这个伊索德乐在寻常的人间生活。我们第一次见到她是在城堡的女眷宫闱，她正织着花毯，绣金于英格兰布上。她有王室血统，但我们却不难想象她生儿育女、烹饪煮食，在简单的活动中成就人生的可能。

女性的这个特质，我们称之为“尘世阴性”（earth feminine），因为，是她把一个男人跟这片有形的土地连接到一块，包括他的人类同侪、平常生活，以及身在人间无可回避的需求、承诺、责任及时间和空间。尘世阴性是内在人物（inner person），给他力量，使他在人类的层面上去爱，去造就人的关系。

她象征每个男人的一种内在能力，男人因有这种能力才能看见美，看见价值，以及物质世界、肉体生命及一般人性中的神圣性。

是她，主管男人与其外在世界外面人（outer persons）的关系。相对的，阿尼玛则主管男人与其内在领域里面人（inner persons）的关系。尘世阴性的爱，既非浪漫的理想主义，也非内在女神的投射，却懂得如何去爱一个外在的凡人。她的爱是人类的爱，将我们与有血有肉的女人和男人连接起来，肯定他们的人性及平凡。

玉手伊索德所做的一切都在告诉我们，她所关心的无非就是联结。这是她的原则，是她的基本能量系统。崔斯坦口中的金发伊索德是："我们同饮了死亡。"但这个伊索德不关心死亡，她在意的是生活，一个平凡人的世间生活，关心的是一个会爱她、照顾她，并接受她滋养的人。这个人间伊索德，不会要求男人带她去只存在于死亡国度的"魔幻花园"；相反地，她要求崔斯坦爱她，和她在有生之年于卡尔海克斯共度人生。

我们不妨拿玉手伊索德跟金发伊索德做个对比，

对尘世阴性的了解就会更清楚些。金发伊索德，我们很难想象她是个家庭主妇，生儿育女、洗手做羹汤、织毯绣金，与丈夫共老于单纯的家庭生活。我们所能想象于她的，无非是轰轰烈烈的大戏，危险重重的遭遇，狂喜的幽会，泪眼的相别，要不就是作为王后，于美轮美奂的城堡中高居后座。她是女巫，女巫王后的女儿，出生于不知名的魔岛。她是女神，半神半人。她是女性那无法企及的一面，神神秘秘，是“远在水一方的公主”，只有用象征与想象才能够真正感受得到。阿尼玛可以活在内在，或者外化成为一出戏——火刑柱，麻风病人，默罗伊森林。但她无法满足于平凡单纯、责任义务限制重重的人类关系。

至于玉手伊索德呢？她是人类。她不是天生的女巫，不是居住在“另一个世界”的半神。她生于尘世，父母是凡人，在寻常的人类环境中长大，为未来的人类生活和个人生活做准备。她是阴性面向中适合寻常生活及个人关系的那一面。

阿尼玛一心想要把我们带往内在世界，带到无意识中没有拘束与限制的境地，对任何人没有承诺，不会因为责任或义务的约束而退缩。但尘世阴性引导我们进入人类关系有限的个人世界，受到她对个体的承诺、责任、义务、感情及接纳的重重束缚。

当生命转向死亡，死亡逐渐逼近，崔斯坦仅有的重生机会出现。他逐渐接近玉手伊索德：他想要活下去，想要爱，想要重新做一个人。他忘记了自己与死亡的约定。卡赫丁打开了卡尔海克斯堡的大门，引崔斯坦为知己。崔斯坦找回了友谊、爱、事业，感情有了新的重心。

“为什么我连一个能治愈我不幸的人都找不到？”但这时候，有一个妻子爱他，给他陪伴，对他忠诚，给他情感生活和性爱，为他系上人类的家庭及家族纽带。随她而来的还有一个兄弟、一个父亲、一个国家。但他拒绝了，为什么？

后来，随着故事的发展，他告诉了我们原因……躺在临终的病榻上，他向卡赫丁招认了翡翠戒指的事，叫他最后努力一次，把金发伊索德带来。“叫她一定要来，因为我们一同饮下过死亡，叫她记取我的誓言，一生唯有一爱，我做到了。”

正是这个错误的想法、这个誓言，爱情的悲剧就此定调。崔斯坦发誓，一生唯有一爱。而他所谓的一爱，是我们所说的神的爱，是将我们引导至内在世界的爱。当崔斯坦发誓唯有一爱时，爱的是阿尼玛的神的爱，也就发誓放弃了人类的爱及人类的亲密关系。美好的爱有两种，男人要活在两个世界中，要爱两个伊索德。爱情最大的问题就在于只寻求一种爱，却忘了还有另一种爱。崔斯坦拒绝玉手伊索德，指的正是这一点。

当崔斯坦拒绝玉手伊索德时，所表现的正是西方男人的标准心态。西方男人无意识地相信，通过婚姻可以与自己的阿尼玛联结，一个女人可以是他投射灵魂意象的载体，因此，没有必要把女人当作一个人看待，尽管女人也是一个真实存在的个体，有其复杂的结构与意识。男人相信，他要寻找的是金发伊索德，至于玉手伊索德，大可以拒于门外；他所追求的，始终都是自己投射在一个女人身上的神的世界，却从未把那个女人当作是一个独立的个体。

恋爱，出于其矛盾的本质，把我们都给骗了：表面上看来，恋爱的目的是要对一个人打造人类的亲密关系。不管怎么说，人不是在庙里修行，而是跟一个人“恋爱”。或者，两者竟是同一回事？因理解而接纳一个人，与把一个人当作自己投射的载体，这两者之间的差别极为巨大，但对我们来说，要明白这个差别竟然那么困难。

无论在崔斯坦的誓言中，或他对自己婚姻的否定中，我们都看到了恋爱的一个基本缺陷：一厢情愿，尝试重新找回对神、对内在世界、对神秘现象，以及对神的爱的体验，借此平衡我们西方心灵的片面性。但犹如一切为平衡所做的集体尝试，结果反而是一边倒地倾向于对立面，拥抱对立面，理想化神的世界及狂喜的世界，却不为寻常的人性留下任何空间。寻常的人生，连同其义务、关系、承诺、责任、限制，以及以一般人类为核心，就我们爱情至上的偏见来看，全都太俗气，太枯燥，太缺乏品味。

崔斯坦的婚姻，象征他的本能不由自主地拥抱人类生活及人类的联结。他的本能大声呼喊，要求和一个寻常的世间女子一起过实际的、有形的、有爱相伴的日子。霍伊尔王要把女儿嫁给他。崔斯坦答道：“陛下，我愿意。”那是出于本能反应和求生意志。她不是他的灵魂，她不完美，不是来自天上。但她自有其人间的美，她有爱心，认同接纳他，她有血有肉。她不是那个他幻想中的真命天女。

崔斯坦虽然在形式上娶了玉手伊索德，实际上却否定了她。当他拒绝和她圆房，那表示他心中还怀着一种激情的幻觉，一种只能在内心感受得到的幻象，拒绝和凡人有人类的亲密关系。爱情至上，对多数现代婚姻及亲密关系的影响也是如此。我们形式上结了婚，我们行礼如仪，但内心却不曾做出保证。多数的亲密关系都是暂时性质，双方私底下都在里面写下了免责条款，为自己保留了权利，一旦激情的幻觉又起，投射到了别人身上，对这个实质的人的承诺便可以说破就破。

如此这般，神话预言了我们的文化，如此这般，我们视之为家常便饭。人们把婚姻当成一个形式，实际上却予以否定。他们拒绝对一个人做出真正的承诺，因为，他们只对自己内在的幻觉、内心的理想做出承诺，追求的只是阿尼玛与阿尼姆斯的完美意象，是神的爱。之所以如此，关键在于他们不了解这是内在的功课，在他们想象中，自己应该保持选项的开放，应该保留自己追随内在理想投射的权利。身在恋爱的迷雾之中，我们以为这一切都非常高尚，非常“开放”，殊不知那是对现实的误解，是我们自以为是的人类的开放平等，是我们拒绝对玉手伊索德信守承诺的借口。

可悲的是，崔斯坦拥有一个接纳他的人，活在浓浓的人情温暖之中，他却拒人于千里之外，不懂得享用，也不知感恩。奇怪的是，他什么都不必做：只要睁开眼睛，看清楚周遭的丰盛，生活就行了。但恋爱的理想主义迷雾，对人类世界的鄙视，却使他与自己所渴望的爱一刀两断。他拒绝了玉手伊索德，也就重续了自己与死亡的约定。

在现代西方人的生活中，这种模式的恋爱不断重演。在亲密关系或婚姻中，男人隐隐觉得不满意：生活没有意义，要不就是怀念过去的那份狂喜及“爱情”。他不明白，他之渴望神的爱及阿尼玛的内在体验乃是自己的责任，却去挑女人的毛病，怪她没能够让他快乐，怪她不够好，怪她没有满足他的梦想。尽管她竭尽一个尘世女人所能给了他一切，他却否定她，转而寻找金发伊索德。他总是一厢情愿地设想，某个地方，在某个女人身上或某个奇遇中，他将会找到金发伊索德，能够实质上拥有她，在那儿找到意义及充实。因此，我们鄙视人类的爱，因此我们否定玉手伊索德，重演“唯有一爱”的集体誓言。

玉手伊索德所象征的人类爱，迥异于我们所谓的“恋爱”。就一个男人来说，以人的方式去爱一个尘世女子，意味把爱导向一个凡人，而不是导向他自己所投射出去的理想形象。这对他来说，是理解接纳一个真实的人，看重她，认同她，肯定她的价值及她本然的神圣性，肯定她的整个人，包括她的阴暗面、她的不完美，以及她之所以是一个寻常凡人的一切。“恋爱”则不同。恋爱不是导向一个女人，而是导向阿尼玛，一个男人的理想，包括他的梦，他的幻想，他的希望和期待，以及他所渴望并强加于外在女人身上的那个内在存有。

这充分说明了崔斯坦与金发伊索德之间的爱是标准的自我中心。崔斯坦要伊索德受苦，和他一同不快乐，因为，他真正爱的，不是尘世女子伊索德，而是他自己！他关心的是他在她身上的投射，是他的激情——他将这份激情归咎于情药，但却又丢不下这份激情，不辞长途跋涉回去找伊索德。

同样地，伊索德关心的似乎也不是崔斯坦快乐或幸福与否。她关心的是他是否把她摆在第一位，是否只对她忠诚，是否会同她继续下去，带她去到“魔幻花园”。两个人所关心的，都不是对方的快乐或幸福，而是重续他们自己的激情，登临魔幻之境，彼此利用，以维持轰轰烈烈的大戏继续演下去。最后，末了，他们唯一关心的是，利用彼此都要彻底挣脱的平凡尘世，飞往那个神奇的想象世界，那儿有“伟大的歌者永远歌咏”。他们并非真正彼此相爱。他们把对方当成载体，借以得到自己所渴望的激情感受。

这就是恋爱，无论我们承认与否。在崔斯坦与伊索德中，彼此利用以制造为爱而爱的激情，其为自我中心显而易见，其天真，其孩子气，也再清楚不过。但在这方面，我们自己的情况绝不逊色。我们浪漫的脑袋从来就不曾觉得奇怪，我们所追求的所谓的“爱”，居然都是为了自己，为了完成自己、自己的悸动、实现自己的梦想、自己的幻想、自己“需要被爱”、自己的完美的爱、自己的安全、自己的开心。

真正爱一个人，乃是我们对自己所肯定、敬重、佩服的人由衷生出认同，并希望这个人快乐幸福。当爱升起，那一刹那，我们不会想到自己的自我，心里不会问，这个人能满足我们什么样的梦想，会带给我们什么样别开生面的精彩刺激冒险。

崔斯坦应该要结两次婚。第一次是与自己的灵魂金发伊索德结婚。这桩婚姻要进入内心世界，实践他的信仰，做他内在的功课，与内在世界的诸神一同生活。第二次则是和玉手伊索德结婚。这桩婚姻的目的是要和另一个人类结合，把她当一个“人”娶她。同时，还要创造其他关系——交新的朋友——把他们当人来接纳。

这两桩婚姻，我们可以理解为人类的两种内在本性——人与神——的结合。在西方，基督是这两种结合的本性中倒数第二个象征，这在基督教的道成肉身理论（Christian doctrine of Incarnation）的象征中说得非常清楚。它是这样说的：上帝来到有形世界，作为救赎，于是上帝变成人！此一信念作为一种象征，其含义至为重大：意味着这个有形的世界，这个有形的身体，以及在此尘世所过的世俗生活也是神圣的；意味着我们的人类同胞有其本然的价值：他们活在世间不是来反映我们那个更完美世界的幻象，或承载我们的阿尼玛投射，或加入我们搬弄另一个世界的寓言。这个肉身的、世俗的、寻常的世界有其本身的美，有其本身的用处，有其本身要依循的法则。

禅家有言："尘世即道，道即尘世！"觉悟之道，灵魂之道，不在云端，不在对这个尘世的否定，而在有限的这个人生，在世俗作息的单纯，在我们与寻常人类的关系。道成肉身的象征尽在于此。

道成肉身告诉我们这两种本性的矛盾：神的爱与人的爱混合于一个器皿，内含于一个人。道成肉身说，上帝成为人，神的化身，基督，既是完全的神也是完全的人。在此意象中，反映了每个人的两种本质，两种爱都要求我们忠诚，要求我们将两者加以整合。道成肉身告诉我们，神的世界与人的世界共存于每一个人类；唯有在有意识的整合中让两种本质共存，一个人才能成为一个充分觉知的自性。

不论我们如何理解历史上的道成肉身，我们必须将神化身成为人这个重大的意涵，视为一种象征，是西方无意识深层的一种原型，是一种心理的实有，从内部影响我们的统一原则，无论我们是否意识到它的存在。总而言之，我们都有意识或无意识地活在这种二元本性中。

道成肉身象征整合；情药象征混乱。如果我们有意识地接受自己的二元本性，将可得到良好的整合；如果我们不当一回事，得到的就是情药。西方心理学历史是这样的：若我们不再认真看待道成肉身，纵使只是当成象征性的实有，我们二元本性的事实便会潜入地下。无意识地，神的爱，以及整个神的爱与人类的爱的矛盾，就只好去情药中找出路。今天的情形就是如此，情药混在恋爱的高汤里，正在投射的大鼎中滚滚沸腾。

我们都知道，恋爱有一个文化的根源：摩尼教的二元论，十二世纪存在于西欧的异端阿比尔教派（Albigensian）中。根据此一信仰的教条，实有属神的一半是绝对的善，实有属人的一边则是绝对的恶。对阿比尔教派来说，唯一的善，存在于“精神”层面，是在“天堂”才有的。肉身的人类、一般的人类生命、性欲、性爱及这个有形的凡间，都被视为是“恶”，是堕落，如冒烟的黑穴。崔斯坦的恋爱话语就是这种信仰的表达："记取我的誓言，一生唯有一爱。"阿比尔教派的二元论，基督教的二元论，以及恋爱的理想，全都教导我们，我们只能把自己奉献给神的爱，凡间的人类不值得我们的爱，我们的爱应该反映自己的理想，反映我们超脱尘世的投射——人类所不能及的、宇宙及神。

恋爱的仰慕告诉我们，凡间的俗人根本不够看，我们要找的是神或女神，是好莱坞的明星，是梦中情人，是美丽的王后，亦即阿尼玛或阿尼姆斯的化身。男人一旦陷入这种心态，除了阿尼玛，眼中再无其他，对于女人，他唯一接纳的就只有梦中情人金发伊索德。

至于玉手伊索德的遭遇，讲的则是崔斯坦错失机会的故事。崔斯坦未能抓住机会发现人生的两种爱：一是对内在的阿尼玛的爱，一是对有形世界的女人的爱；两者各有千秋，各有其正当性。但一如我们，崔斯坦如果有第二次机会，他如果不再拒绝玉手伊索德，就可以从她身上明白，人生的意义，除了诉诸内心理想的追求外，也可以在与他生活于卡尔海克斯堡的世间女人身上找到。

恋爱中的人
荣格观点的爱情心理学

WE:
Understanding the Psychology of Romantic Love

| 第十五章 |

痛苦与死亡

我身病痛各异；
令我愉悦；
自得其乐；
我病是我所欲，
我痛是我康健！
我不明白我的抱怨所为何来，
因我病之来皆出于自己所愿；
我的希望乃是我病的来源，
但我发现希望带来极大喜乐，
所以我欣然受苦，
又因苦痛中充满愉悦，
所以我乐在磨难。
——克雷蒂安·德·特鲁瓦（Chrétien de Troyes）

以上诗句出自史上最伟大的一位吟游诗人，记录了早期浪漫文学中最伟大的“恋爱”，完美捕捉到了恋爱与痛苦之间奇妙而又难以捉摸的关联。痛苦之于恋爱，难分难解，世间恋爱男女无不深悉个中滋味，我们避之唯恐不及，有的时候，还自以为摆脱掉了，殊不知它总是在某个我们最有信心的地方伺机而动。甚至激情一词的本意就意味着“痛苦”。

痛苦之于恋爱，仿佛是我们的祖先设计好的，不同于我们，恋爱之于他们是一种修行。按照他们的教导，我们要在女人或男人身上寻找根本不可能在凡人肉身上落实的完美理想，如此一来，他们判定了我们的命运，从不可能的期望到随之而来的痛苦绝望，落入永无止境的循环。

但还不止于此，同样真切的是，我们还无意识地追求痛苦！如同崔斯坦，我们仿佛是无意识地脱轨，搞出不可能发生的状况，跟不可能的人打交道，把不可能实现的期望强加于亲密关系。我们追求痛苦，仿佛那是浪漫经验必要的部分，仿佛没有痛苦我们便一事无成。我们无意识地乐在其中：“令我愉悦，自得其乐。”若希望不可能实现，带来的痛苦更甚于狂喜，

“但我发现希望带来极大喜乐，所以我欣然受苦，复因苦痛中充满愉悦，所以我乐在磨难。”

细看这首诗及先人的爱情故事，其中大有学问，它明白揭示了我们所不愿意面对的真相。如果我们敞开心扉，学习其中所言，便可以了解在我们内心运作的究竟是什么样的力量。所有的爱情文学，从《崔斯坦与伊索德》到《罗密欧与朱丽叶》，全都充满痛苦与死亡，这绝非偶然。爱情故事的本质仿佛就是，只要是活着，非要面对进退失据、险阻重重、超乎常人的逆境不可。一旦发现两人的恋情不容于人间尘世，许多典型的恋人，如罗密欧与朱丽叶，便选择死亡，同赴黄泉。宁愿选择死亡，向往另一个世界，弃这世间的不完美如粪土，如此强烈的执着，究竟所为何来？而痛苦强烈地吸引我们，纵使已遭火焚多次，仍不惜屡蹈烈焰，这又是为了什么？思考崔斯坦与伊索德的痛苦与死亡，我们要问的正是这些。

新婚之夜，翡翠戒指从崔斯坦手指上滑落，掉在石头地板上，发出喀答声响，那一刻成了崔斯坦一生最后的转折点。为了要对金发伊索德所代表的内在理想表示忠诚，他不得不拒绝新婚的妻子。

“我可怜我那新婚的妻子，为她的信任，为她的单纯。看哪，两个伊索德都碰上了我这个邪恶的人！我对两个都不忠！”那一刻，对崔斯坦的一半本性，一扇铁门关上了。崔斯坦决定拒绝妻子，如此一来，他也放弃了生命本身。从那一刻直到他的最后一日，他都在等候死亡，相信死亡终会将他与他完美的理想、梦想、愿景，以及他的灵魂——所有化身为金发伊索德的一切——结合成为一体。

他放弃了与玉手伊索德的尘世之爱，一心只有神的爱，要到王后身上找到自己的灵魂。但崔斯坦和伊索德爱的并非彼此的灵魂。到头来，他们在彼此身上找到的，只是他们希望在坟墓彼端找到的东西：一幅天界受苦的印象。崔斯坦的痛苦是双重的，因为，他失去了两个伊索德。他既失去了与妻子共度尘世生活的欢愉，又不愿意和金发伊索德维持非肉体关系，如此一来，就连和她的关系也丧失了。按照他所要求的方式，他是不可能得到她的。因此，他失去了自己的内在生命，遍寻不着，绝望之余，唯有诉诸死亡，以及和金发伊索德的天上相会。

其实，我们可以看得出来，死神早就找上门来了。两个恋人缠绵于高大松树下，渴望一处可以成全他们的地方时，他们就已经在召唤他了。我们听得出崔斯坦话中的渴望，他讲到的“另一个世界”：

“有朝一日，爱人，我们将携手前往一处幸福国度，从此不再回返。那儿矗立一座白色大理石城堡，千窗万户，扇扇亮着烛光；每扇窗前吟游歌手弹唱着没有终曲的旋律。”

还有，崔斯坦在马克王面前装疯卖傻，要求把王后给他时，我们又听到了，他说了他要带她去的地方：

“啊，很高很高，在云与天之间，在明晃晃的房间里。里面阳光穿透，但风却不惊扰分毫。那儿，我要带王后进入我的水晶房间，玫瑰与晨光交融。”

哪里有这么美的一个地方？又要如何才能抵达呢？崔斯坦心里想的，无非是黑暗的死亡之旅。当他最后一次与王后诀别时，他和她定的是死亡之约。讲到未来，他已经透露了自己的心思：“我的死亡近在眼前，你不在我身边，我将因思念而死。”

伊索德的回答则是：

“啊，爱人。”她说：“紧紧抱住我，压碎我们的心，让我们的灵魂终于得到解脱。那无人回归之地呀，却有伟大的歌者永远歌咏。带我去吧。”

“我会带你去的，去到那永生女王的常乐殿！时候快到了。当一切结束，我若唤你，你会来吗，爱人？”

终于，当崔斯坦因矛之毒而病倒，他将翡翠戒指交给卡赫丁，请他带信给伊索德：“叫她一定要来，因为我们同饮了自己的死亡。”

没错，他们同饮了自己的死亡，当终点接近，他们所求，别无其他，唯死而已。他们在尘世的绝望，唯有寄望来世的圆满、美好与幸福才能够承受。但这块有白色大理石城堡和玫瑰红房间的乐土，这座“永生的殿堂”又是什么呢？

这一圆满美好的国度，只能是内心世界。这个世界，我们用直觉感受得到；恋人的话语，我们感同身受；他们的渴望，在我们的灵魂中和弦共振。那是童话故事的国度，是灵魂向诸神秘密求爱的想象世界。但为什么这个灵魂的内在世界又被拿来象征死亡？为什么崔斯坦和伊索德相信，只有通过死亡才能抵达那儿？

从远古时代，死亡就被想象为一种“释放”，脱离有限时空的肉身领域，进入无际无涯的精神及永恒宇宙。这种肉身的“解脱”，对无意识来说，是一种更为微妙的象征：是自我从其渺小世界及狭隘眼光的局限中解放出来，进入广袤无垠的内在心灵宇宙。脱离现实，得到释放，死亡不是结束，而是象征深层改变，象征转化。

“死亡的国度”是灵魂的内在世界。在无意识中所感受到的死亡，其最深层的意义就是象征转化：自我转化进入心灵的领域，与灵魂交会结合，放弃其狭小的领域，以整合进入较大宇宙的广袤。

了解这一点，为我们开展了一幅全新的视野，亦即，我们所要的其实是转化，而非死亡！伟大的爱情故事一再以死亡作为象征，象征的正是这一点。价值的冲突、忠诚的混乱，以及爱情的创剧痛深，这是解决办法之一。而唯一正确的办法则是意识的改变与价值的改变。

纵使如此，真正的“死亡”到来，等着我们的就是转化，亦即，自我的死亡。“自我的死亡”指的不是自我的消散或不复存在，而是自我扬弃了自己的旧世界、旧观点及根深蒂固的旧心态。当新的价值建立，新的整合成为可能，自我的旧世界秩序随之瓦解，这一刻，自我形同死亡。

假如自我将这一死亡视为威胁，便会抗拒改变。在恋爱中，我们就是如此；纵使我们明白，唯有改变自己的价值才能体验爱情的真髓，我们还是倍感威胁：仍然死抓着老旧心态，将同样老旧的要求强加于别人，想要在同一个老旧的层面上实现幻想中的爱情。改变，质疑自己的观点，改换自己的模式，感觉起来都犹如大难临头。这就是“自我的死亡”，死亡到来，等着我们的是转化。

在崔斯坦的时代，人们认真看待象征，也就是说，他们相信唯有死亡，唯有舍掉这副肉体，才能找回灵魂及精神的世界。但另一方面，他们又比我们聪明：对于自己在爱情中要追求的是什么，他们比我们更有觉知，也比我们直接。卡萨信徒及吟游诗人毫不讳言他们在追求转化，通过炽热的爱及死亡在追求。之所以是死亡，是因为死亡将他们从肉体的奴役中释放；之所以是炽热的爱，是因为在恋爱超越凡俗的高度中，在恋爱的狂喜与痛苦中，他们预见了神的世界。恋爱，对他们来说，是入门。在他们看来，在对终极之爱的盼望中，恋爱提升了他们这些神之选民的精神境界，将人生化为灰烬，使之不再成为我们与“无人回归之地”之间的阻碍。

我们却不是这样直接；对于自己所追求的东西，我们是无意识的，但却继承了同样的信念。我们行走人生，渴望转化，心怀愿景，为人生赋予意义与完满：我们寻找自己的灵魂，寻找神的世界。但我们不懂得如何内在地，从象征的层面去体验诸神。我们无意识地，不由自主地，男男女女，有如着魔，纵情寻找，一头栽入恋爱，将自己投入一种力量，任其包覆，任其控制。其为狂喜，其为痛苦，其为一种死亡，但最重要的是，其为一个历程，体验那种通常要到死后才感受得到的境界：变形（transfiguration）。其为死亡与重生：对世界死去，但对一个大于生命的领域活过来。只要情爱常在，投射得以持续，要的就是这种感觉。重要的是，要追求。

崔斯坦相信，有两条路可以让他接触到内在世界，其一，是通过他对金发伊索德的激情所得到的狂喜与痛苦；其二，则是借由死亡，借由离开这个有形世界。我们现代西方人把选项更加简化了，多数人追寻内在世界，只走一条路——浪漫之爱（romantic passion）。为什么？

部分原因是我们西方人的二元主义，将人生一分为二：尘世的有形生命，天上的精神生命。卡萨教派及中世纪基督教都教导崔斯坦，尘世是空无，而精神生命只能死后在“天堂”找到。在我们的心智中，这种信念变成无意识的概念，亦即，生命的精神面只存在于“其他某个地方”或“方外之处”。总之，只在某处而不在当下，只在某处而不在我的生命中。我们西方人不相信，身在尘世，追求日常生活，也能够以一种内在的感受体验诸神及精神生活。两个世界，内在的与外在的，能够同时共存于一个人身上，对我们来说实在难以想象。我们总是把神的世界具体化到某些事情上或外在的某个人身上，原因在于此。

我们之所以会到恋爱中寻找自己的内在世界，另一个原因则是西方人并不相信内在世界这回事；正因为如此，我们与自己内在未曾经历过的特质的任何互动都是无意识的，不得不向外投射到实质世界。非实质的内在世界，对西方人来说，是一个难以理解的概念。我们谈论内在的真实，谈论“灵魂”，谈论“精神”，但我们并不真正相信这回事。多少个世纪以来，由于我们的文化愈加倾向于唯实及唯物主义，我们中断了与内在生命及其象征的接触。在这方面，我们还真的是在退化。

在崔斯坦的时代，多数人都认为“灵魂”及“精神”是准物质的实体，只是比肉身稍微精致一些而已，存在于物质的肉体中或某一个“地方”——“幽冥”或“天堂”。在他们看来，天堂是一个具体的地方，而不只是一种存在的状态，总以为天堂就坐落在这个物质宇宙之中，千百年来莫不如此。

甚至在崔斯坦之后的好几个世纪，在伽利略时代，由于多数人都还深信神的世界就在天上的星宿之间，天文学家这个行业因此十分危险，伽利略便被贴上了异端的标签，只因为他用望远镜观察天象，抵触了此一观念。

直至我们现在所处的时代，也没进步多少。我们的信仰是恋爱：我们把神的世界搬到了肉体的人的身上，亦即那个我们爱上之人的身上。而且，任何心理学家如果告诉我们神的世界根本不可能在恋爱中找到，还会激怒人们，纵使不被贴上异端的标签，也要落得一个不解风情的骂名。

现在，我们已经发现了破解“痛苦与死亡”的密码。我们总算了解，我们在爱情中追求的“死亡”其实是转化，是旧世界的终结，是那一把投身其中让我们死去又活过来的烈火。为恋爱而受苦并无异于为神秘主义与信仰受苦：恋爱的痛苦，乃是尘世间所有要在一己人生中、在这副肉身中、在其有限的方寸中孕育神的世界的凡人所共有。

不可能的爱情，这样的故事竟能让我们如此着迷，为什么？因为，我们渴望燃烧，渴望觉知自己心底燃烧的那一把火究竟是什么。痛苦与理解密切相关；死亡与自觉沆瀣一气；欧洲的浪漫主义可以比拟成一个男人，对他来说，痛苦，特别是情爱的痛苦，是一种特有的理解模式。

——德·鲁日蒙（de Rougemont）《爱情之于西方世界》

（*Love in the Western World*，第 91-92 页）

痛苦，是通往意识必经的途径，是追求转化必须付出的代价。我们无可逃避；逃，也属徒然；还得蒙受双重损失，既付出了代价又得不到转化。其间有一无可改变的重大法则：唯有有意识且出于自愿地接受痛苦，转化才会发生；想要逃避，只会让我们陷入业的轮回，无止境地重蹈覆辙，一事无成。

我们之所以受苦，在于此，受苦之所以出于无意识，也在于此："因为，我们渴望燃烧，渴望觉知自己心底燃烧的那一把火究竟是什么。"

话又说回来，在如何接受痛苦上，我们有选择的自由。多数人受苦都是无意识的。正因为如此，尽管饱受苦楚，却往往没有所得，徒然痛苦而已；爱情看起来常常只是无意义的轮回，关键在此：我们恋爱，我们构筑自己完美的理想，到头来，落得痛苦绝望。我们受苦。我们跟着自己的投射打转，总是在追求一个符合自己不可能的理想的人，指望奇迹似的得到转化。当我们在一个人身上找不到神的世界，我们痛苦，陷入绝望。

但我们的受苦若是出于有意识，出于自愿，那么，自有回报，转化自在其中。有意识地受苦，指的是历经“自我的死亡”，自愿收回自己的投射，不再到配偶身上寻找“神的世界”，而是到自己内在的生命中寻找，亦即采取一种心理的及信仰的行为，这意味自己承担起责任，去发现自己的完整、自己的无意识的可能。换句话说，就是要质疑自己的旧有模式——愿意加以改变。这中间，有冲突，有自我质疑，有欺骗的揭露，而所有这些，都是自己宁愿不要面对的，其痛苦与艰难，自不在话下。

但痛苦会引导我们达成完整，将情爱提升，登上进入神的世界的道路。我们将发现，无须肉体死亡就能找到那个世界，但象征性的死亡仍不可免：我们的痛苦即象征性的死亡。

最后，真相大白，即使是以血肉之躯活在尘世之中，我们照样可以活在神的世界。因为，每个人内在深处自有“一座白色大理石城堡，千窗万户，扇扇亮着烛光；每扇窗前吟游歌手弹唱无有终曲的旋律；那儿日照不至，但无有遗憾：那儿是今生的乐土。”要找到这座神奇的宫殿，无须诉诸别人，也无须诉诸死亡，只要反求诸己即可。

只要我们正确活出这个死亡——尽管听起来矛盾十足——引领我们走向崭新生命的旅程就此展开。死亡经此揭露，竟是生命的另一张面孔。等在爱情核心的“死亡”不是生命的毁灭，而是内在世界的绽放。

| 第十六章 |

伊索德—玛雅：幻象之舞

从好的一面看，恋爱是通往双重启示的大道：它引领我们超越西方心智的现实主义及物质主义、面对象征的生活，让我们得以领会人类之爱的意义。从不好的一面看，恋爱成为一种幻象的轮回，浪费了我们的人生，扭曲了爱，而非有助于爱。

恋爱这种正负两面的特性——正确地爱，有益于我们，若否，则有害——反映了阿尼玛的两面性：她可以是伊索德，内在世界的王后，引导我们进入自己最深层的自性；她也可以是玛雅（Maya），幻象女神。她的角色之一，有益于人生，为人生赋予意义；但她的另一副面孔却十分可怕——寻常人生落到她的手里，非撕成碎片绝不罢休，她哄骗我们脱离现实，将我们对爱的欲求转变成为一场没有休止的幻象之舞。我们已经领教过崔斯坦与伊索德的阿尼玛之舞，其舞步我们也都了如指掌。

现在是时候了，回顾一下荣格对伊索德两副面孔的说法：

> 投射的收回使阿尼玛回复原形，亦即一个原型的意象，在其应有的位置，其功能在于服务个体的利益。处于自我与世界之间时，她犹如一个不断变化的沙克蒂（Shakti），编织玛雅的面纱，舞出存在的幻象之舞。假如处于自我与无意识之间，阿尼玛就变成诸神与半神的形象，从异教的女神到圣母，从圣杯的信使到圣徒。
>
> ——荣格《移情心理学》
>
> （*Psychology of the Transference*, par.504）

阿尼玛位于自我与无意识之间时，灵魂向神敞开，让我们可能拥有精神生活。阿尼玛进入我们的人我关系时，便将他们变成幻象，施展玛雅的魔法。

在印度神话中，玛雅为一女神，舞幻象之舞，编织轻柔纤细的面纱，悬于人性与现实之间，扭曲我们对真实的看法。常有人说，瑜伽修行的目的就是要

“透过玛雅的面纱观看”。

在我们的神话接近尾声时，这张面纱滑落遮住了崔斯坦的眼睛。玛雅对他施了魔法。伊索德已经不再影响他，但玛雅却蛊惑他，沉迷于一个不醒的梦中。他双脚不踏实，他叹息，他渴望，他往返徘徊于卡尔海克斯与康瓦尔之间，神志不清，几近疯癫。任何东西都打动不了他，任何事情都吸引不了他，心里别无其他，唯独伊索德的影像盘踞。她的影像控制了他，但却无益于人生，唯有虚无而已。他迷失于幻想之中，既没有使他更接近内在世界，也切断了他与外在世界——朋友、妻子、尘世生活——的联系。在余下来的日子里，他漂泊于玛雅的梦境，万事皆休，惶惶然起舞，舞那曲来自无有之乡，只有他自己听得到的音乐。

玛雅是幻象，是现实的扭曲，是现实的失落。故事告诉我们，恋爱就是活在幻象之中；男人一旦明白自己所爱的女人既无法也不能解决自己的问题，自己再怎么努力，于人生的幸福也是徒然，便会从幻觉中清醒。他的妻子若明白他并不是那个自己想要嫁的男人——更糟的是，一如其他男人，他既无情趣又不体贴——也会从幻觉中醒过来。以前，她看到的不是那个男子；她看到的是幻象。但话又说回来，这些幻象又是打从哪来的？

许多印度教徒一如有些基督徒，他们相信，我们周遭的有形世界乃是幻象世界，唯有精神世界是真实的。只不过多数西方人却相信，内在的精神世界是幻象，唯有有形世界才是真实。但幻象既不是心灵的内在世界也不是外在的有形世界，幻象是内在与外在之间一种扭曲的关系。幻象之生，起于我们将自己内在世界的意象——亦即我们不断累积的想象——强加于外在世界及生活于其中的人。通过自己内在意象的放映，我们所看到的有形世界变得多彩多姿，但也为之扭曲。因此，正如圣保罗（Saint Paul）所言："如今，我们透过镜子观看，模糊不清。"

有形世界真切实在；内在世界同样真切实在。只有我们将两者相混，不把内在世界当作象征，而想要放到真实的人身上时，幻象世界就此产生。幻象世界是投射所产生的世界，不仅扭曲内在也扭曲外在，使我们看不清两者的本质。

当一个男人想象自己感受到了极大的平安及圆满时，必须明白一点：他的想象是他在自己内心所成就的一种状态。但一般来说，他往往是把自己的乐园意象投射到一个女人身上，无意识地要求她将之化为具体，变成真实，拱手送来给他。也就是在那一刻，他制造了幻象；他“透过镜子观看，模糊不清”。在他的眼里，他外在的妻子已经不再是她本人，他也不明白，那其实只是他内心的愿景，而非真正的她。于是，两个世界搅成了一团，两个世界都将他们拒之门外。

阿尼玛变成了玛雅，问题不是出在阿尼玛，而是男人对待她的心态。我们曾经谈到，我们称之为阿尼玛的，其实是男人的灵魂。灵魂可不是什么无可名状的感性概念，创造出来用以写情书的。灵魂是我特有的部分，具有特定的功能，是一种心理机制，在人之所以为人的心身奇妙组合中扮演至关紧要的角色。

灵魂之于人类，有其特定的作用，就某种意义来说，是要使人理解天地的不同特质，体验生命与视野的辽阔宽广。灵魂的作用有其功能及本质的限制，亦即只能引导我们追求无限。如果我们将灵魂置入有限的状态，它仍然会引导我们追求无限；如果我们将灵魂置入个人的状态，它仍然会拉着我们追求非个人及超个人的状态。伊索德之所以变成玛雅，关键在此——这可不是灵魂故意捣蛋，而是因为灵魂太善良，太执着，非要把我们拉向它的存在特质，亦即与无限共振的一面。

当男人将自己的灵魂投注到自己的个人状况时，她会坚持她该做的事：将个人状态拉向原型。她会将他的有限状况“无限化”，将之转变为一个冠冕堂皇的原型主题、永恒的问题、神圣的追求及理想。男人把自己的灵魂都投注到各种有限的人类状况上时，我们会说他“吹嘘过头”，或“小题大作”，或“大惊小怪”。用俗话来说，就是“自我膨胀”——一种有限状况的膨胀，因为，男人把自己的灵魂都用上了，而灵魂呢，按照她一贯的风格，就把它无限化。如此一来，伊索德变成了玛雅，阿尼玛一不小心就变成了幻象的制造者。

阿尼玛的本质就是在制造人生的幻想面。当我们有意识地从象征层面感受到她的幻想时，她所制造的是一个壮丽的世界，是一个永恒宇宙的景象，令我们超越个人的生命格局，与天地不朽交流。于是，我们看待自己及自己的人生有了不同的角度，在自己心目中，我们活在时间巨流里，我们的人生乃是过往与未来的个人体现。

灵魂是人生命的一部分，不时提醒我们，尽管每个人都庸庸碌碌，俗务琐事缠身，我们却要跳脱，要超越，要追求人生的中心理念。灵魂向往的是神，犹如向日葵朝向阳光；在灵魂的眼中，只有原型、内在的神、个人存在背后的中心理念。所以阿尼玛强力作用于一个人的人生：阿尼玛对于一个人的日常生活及嗜好，诸如银行账户是否平衡，人际关系是否畅通，草地是否修剪等，丝毫不放在心上。在她眼中，唯有宇宙的那本账，天上的那把秤，事关我的内在完满才是重要的。她的价值不是人类的价值，而是宇宙的价值；她唯一关心的是：人类存在的每一个重大主题都与我个人的存在息息相关，我是否都追求、经历过。

每个男人的灵魂都要求自己，要在集体无意识中扮演并履行自己的原型角色：背叛者与被背叛者、爱人者与被爱者、压迫者与受害者、高贵者与鄙俗者、征服者与被征服者、战士与教士、悔恨者与重生者。

当男人想要让自己的灵魂在有限的婚姻中与一个女人共度，灵魂会自我膨胀，扭曲他的妻子及婚姻。不把他的关系拉向无限，灵魂绝不罢休，灵魂将之弄成一则爱情、死亡与失乐园的讽喻，要把这桩婚姻转变成一出轰轰烈烈的原型大戏。这场戏不断在他内心上演，但无论如何，全是幻想。如果他沉得住气，将之视为象征、当成象征加以领会，便可以和灵魂和平相处，在内心生活跟随灵魂追求无限，但在自己与妻子的关系上则守在有限的范围内。

在自己的梦境工作里，在自己的积极想象中，在自己的沉思默想中，跟随自己的灵魂，他大可以遨游亚瑟王的卡美洛，与众骑士纵马刺枪；大可以追寻圣杯，与恶龙及摩哈特战斗，英雄救美，疗伤治病，为自己的创伤寻找良药；他背叛，被出卖；他犯罪，他忏悔；他复仇。他经历集体无意识中的各种原型，但都是象征形式。

他守住象征所蕴含的无限——犹如容器将之包覆

其中，使之不至于毁掉自己的个人生活。

男人若是跟随自己的灵魂，在想象与梦境中展开一趟追求无限的象征之旅，自会寻路返回有限世界，发现家庭、妻子、人际关系一切不变，照样可以处理有限世界的问题及日常生活。尽管不满意自己的内在特质，或灵魂要他去跟自己的内在恶性抗争，他可以懂得不怪罪妻子。他会明白自己的幻想是自己的内在事件，要在内在层面上处理。

男人若是把阿尼玛放进婚姻，那就是把幻想放进了婚姻，将之变成原型的连续剧，变成无意识操控一切的片场。他的妻子若不配合演出，渐渐地就会明白，自己与其说是妻子，还不如说是舞台剧中的配角而已：一场永远在她丈夫内在世界上演的宇宙大戏。

在亲密关系上，阿尼玛的功能的确无关于理解接纳。若说阿尼玛有助于人的关系，那才真是奇怪。说到她的古典形象，一律都是非人或半人，她的影响力总是牵引着我们脱离个体的人类状况。她闹情绪，搞扭曲，制造幻象，若说她有助于人的理解接纳，只有跟着她的情绪和想象走才有可能。只要我们想要“理解接纳”，阿尼玛就会拂袖而去！说到发展人与人之间的正当感情，障碍之大莫过于阿尼玛……

乔治和玛丽的理解接纳之关键在于乔治与玛丽各自的本性。他们的理解接纳反映了他们的感情生活，对他们来说，他们的关系无可取代。如果他们的关系是由阿尼玛决定，则其反映的便不是他们，而是在他们中间作祟的原型幻想。如此一来，他们成为集体演员，演出一场无意识的幻想，亦即爱人、冤家、同伙……

……人的感情，她不会涉入而是脱离。说到她与意识及无意识的关系，她阻断意识感情，将之无意识化，将人非人化。她心里所想的是其他事情，而不是人的世界。

——希尔曼（Hillman）《阿尼玛》

（*Anima*，第 111-112 页）

男人一旦“恋爱”，也就脱离了爱的本身，开始崇拜起他的灵魂女人来。阿尼玛立刻会把他的人类关系搞得乱七八糟。爱，不再只是爱，而是一种天上的狂喜；每见所爱之人，带来的不是平静的喜乐，而是欣喜若狂，是那种天上才有的幸福。但接下来，当灵魂的眼光落到了原型否定的一面，每有情绪一来就是一场战斗或决裂，每遇冷落就是彻底的背叛，每瞥见男人或女人都成了生气及嫉妒的理由，也就是说每件寻常小事都成了天大的大事。阿尼玛别的不会，只会带人脱离有限的日常，置身千古的老剧。

令人不解的是，正是这一点，男人觉得最特殊，又最个人化，仿佛天底下就只有他和他的爱人才碰得到这种事情。事实上，也正是在这一点上，他失去了自己的个体性。说到恋爱中的人，两人根本就失去了自己的个体认同；他们成了崔斯坦与伊索德，或罗密欧与朱丽叶——亦即在一场集体戏剧中演出，剧本早已定稿，场景也已预知。之所以如此，关键在于当事人已经停止做自己，变成了一个演员，演一出千古的老戏，还觉得无比强烈、无比脱俗，而且一开始时无比美好。

但如同希腊神话中的塞墨勒（Semele），要求宙斯在她面前展现天神的全能威力，唯一下场就是天火焚身——象征人的关系“化为灰烬”——他们一旦以非人的身份现身，阿尼玛与阿尼姆斯的投射中就具有神性。人们常说，一场恋爱下来，他们化为灰烬，形容得还真是淋漓尽致。恋爱的强大张力令他们身心耗竭，狂喜与争执，分手与和好，到头来一无所剩——没了生命力，没了友谊，也没了情感——而凡人的爱与陪伴所靠的正是这些。

这也难怪，许多发现自己困在幻象之舞中的人无不心怀怨恨。他们总算明白，恋爱实在累人，一场骗局，毫无意义，从此弃爱绝情。假如要从这支舞中脱身，办法还是有的。重要的是认清一个事实：这一切都是幻象在作祟。我们若认真找出隐藏的真相，事情便会回到原点，我们将发现自己和崔斯坦、伊索德及情药重回船上的现场，再一次发问：神圣的光辉降临到我们身上，为什么不是通过信仰生活，而是经由我们的爱情、投射及幻象。答案令人震惊：因为我们没有信仰生活，而神又非要找到我们不可，甚至不惜设下陷阱。我们有教堂，有信条，有理论，有观点，有团体和聚会，但就是没有信仰生活，因为我们忽略了自己的灵魂，以及内在的生命。

崔斯坦就是我们的写照。崔斯坦从未有意识地跟随金发伊索德追求精神生活；他从未自发地留意自己的灵魂。但他的灵魂却在找他，用的是情药，然后是幻象之舞，尽管不是出于他自己本意。同样地，我们也忽略了自己的灵魂。我们从不曾有意识地自发寻找我们的灵魂和诸神，但灵魂找到了我们，通过我们的投射——我们的幻象——套住我们。男人一旦喝下情药，眼中所见的伊索德就不再是伊索德而是玛雅；不知不觉中，亦步亦趋，随之翩翩起舞。

男人若要走出幻象，将恋爱的幻象予以排除，光是痛下决心放弃投射仍不足以成事，还需要意志直接采取行动；只有在另一个生命层面为阿尼玛明确准备一个位置，才有可能把她请出自己的婚姻、感情及个人生活。

西方男人所需要的内在行动就是承认自己的信仰本能。这也就是说，严肃承认所有来自梦境、幻想及想象的意象及感觉都源自神圣领域，是实有的另一个层面，有别于他的肉体及个人生命，但却同样真实，同样重要。所有这些意象，他必须发自内心地严肃看待，花时间与之相处，视为自己内在极端重要的力量，是灵魂以象征形式向他传达的精神领域成分。

若要在这方面下功夫，可以通过传统的宗教修行、冥思观想、瑜伽、幻想及梦境工作，或荣格的积极想象（active imagination），即使如此，仍有赖于日日力行内在的修持及正向的灵魂生活。

男人若能做到这一点，便会渐渐明白内在与外在的区别，明白什么事是需要象征性地活出来，什么事又是要具体实践的。他投射，但他明白该如何投射，不至于被自己的投射所控制、所主宰。他受苦，但痛苦是有所得的：是演化与改变，而非徒劳的反复之舞。最后，他的灵魂，终于得以在她的本质——象征——之中落实并无限化，渐渐疏远他个人的有限生活，她没有必要夸大他的人类爱、亲密关系或婚姻来撩拨他。

这是一个愿意付出代价的男人最后会得到的差别、进化及觉悟。对他来说，幻象之舞无声消失，曾经遭到蒙蔽的象征浮现，玛雅取下了面纱，他的视野清楚了。他终于明白，凡人之躯也拥有不死的灵魂。

结论

| 第十七章 |

白野牛女神

崔斯坦与伊索德的故事之所以伟大，在于言之有物，叙事分明，把我们今天的情况，无论是一个文化或个体，都说得清楚楚。犹如一面忠实的镜子，反映了我们的心态和行为，显示了于我们内在运作的心理力量。

但就某种意义上来说，这则神话也把我们丢入一个困局，它告诉我们实情，却没有告诉我们该如何应对。

神话使我们能够认清自己，同样地，神话与梦境往往也为我们提供问题的处方。现在，我们就来看看另外两则神话，似乎可以解开这个两难局面。

第一则是奥格拉拉 · 苏族（Oglala Sioux nation）的神话，叙述者是大巫医黑麋鹿（Black Elk），讲的是白野牛女神（White Bison Spirit Woman）的故事，女神为奥格拉拉 · 苏族人带来了第一支圣药杆。

很久很久以前，他们说，有两个巡逻员被派出去寻找野牛。他们来到一座高山顶上，向北望去，看到有什么东西远远地过来，等它靠近了些，他们惊呼出来："是一个女人！"没错，的确是。其中一个愚蠢的巡逻员，起了不好的念头，并说了出来。但另一个说："那是女神；快别有不好的念头。"

等她走得更近了，但见她一身白色鹿皮，长发飘逸，非常年轻，非常美丽。她明白他们的心思，用一种宛如歌唱的声音说道："你们不认识我，但你们如果想做心里所想的事，过来就是。"于是，愚笨的那个人过去了。才到她的面前，一团白雾升起笼罩了他们。接着，美丽的年轻女子出来，当雾气消散，愚蠢男子已成一堆骨骸，爬满蛆虫。

女子对另一个不笨的巡逻员说："回去告诉你的族人，我马上过去，要他们在部落中央为我搭一座大帐篷。"男子吓得要命，赶紧跑回去告诉族人，族人听了马上照做，围绕着大帐篷等待女神。没有多久，她出现了，非常美丽，吟唱而行，进入帐篷，如此唱着：

气息可见我行走。

传音扬声我行走，

状若神人我行走。

踪迹可见我行走，

状若神人我行走。

随着吟唱，她口中升起白雾，气息芬芳。只见她将一物交给酋长，是一根杆子，一边雕的是一只野牛幼犊，象征负载并喂养我们的大地，杆子上悬着十二支鹰羽，象征天空与十二个月亮，所有这些用一根永不会折断的草系着。“注意了！”她说：“有了它，你们将会人口兴旺，族运昌隆，它只会带来好事。唯有好人的手可以守护它，坏人连见一眼都不行。”言毕，她又吟唱起来，走出帐篷；族人目送她离开，突然间，只见一只白色野牛飞奔而去，喷着鼻息，转眼不见。

这是他们告诉我的，是否真有其事，我不知道；但你们若相信，便可明白一切都是真的。

——黑麋鹿于奈哈特（Neihart）

《黑麋鹿言说》（*Black Elk Speaks*，第 3-4 页）

这里，以神话语言描述，我们想要说的尽在其中。这里，以聪明的巡逻员和愚笨的巡逻员作对比，我们看到男人对待阿尼玛的两种心态，结果截然不同。我们无法逃避她，因为，我们是在猎场上，过我们的寻常生活，不期待会有“另一个世界”的访客，而她就这样出现了。但如何对待她，却成就了是福抑或是祸的差别。

阿尼玛是有神性的女人。无论是出于有意或无意，以神圣的存在对待她，结果大不相同。这个我们投射的内在阴性，一如白野牛女神，是“精神女人”（Spirit Woman），是另一个世界的存在。如果我们如聪明的巡逻员说：“那是女神，快别有不好的念头！”以神圣的存在待她，她便带来药杆，带来天空和十二个月亮，为我们带来认识另一个世界的智慧。

如果我们和那个愚笨的巡逻员一样，将她当成一个物质存在，把她投射到一个外在世界的人身上，也就无法善用她的神圣，失去了接受她馈赠的机会。阿尼玛的可怕之处在于，她任由我们用什么方式来对待她——愚笨的或聪明的。她说：“你们不认识我，但你们如果想做心里所想的事，过来就是。”但代价却非常大！我们对待她，若不是视之为神性的存在，或内在世界的精神实体，失去的不仅是另外一个世界，连我们尘世的人类生活也将毁灭。傻瓜巡逻员在她脚前的地上变成了一堆蛆虫啃食的骨骸，说的就是这种情形。

对于阿尼玛，我们若待之以内在的神圣存在，那福气可大了！她带给我们的礼物是神圣世界，在我们生活中失而复得的神圣。

人生在世，我们耗费极多的生命渴望追求——渴望追求自己所不明白的东西。许多所谓的“目标”，许多我们以为自己想要的东西，其实都是面具，把我们的真正欲求，以及我们所祈求的实际价值与质量都遮掩了起来。价值与质量是抽象的，是象征，是无法转换成为有形或物质的东西，甚至不能转换成为一个实体的人；它们是心理质量：爱、真实、诚实、忠诚、决心，是某些我们觉得重要、可贵及值得献身的东西。我们想要把这些转换成有形的东西——房子、车子、更好的工作或一个人——那是做不到的。我们不了解神圣，却去追求神性，无异缘木求鱼。神性是无法转换成任何别的东西的。

就某种意义来说，神性是一种知觉——但却是对于生命非常核心的知觉，一种辨识的知觉，旨在认知足以赋予我们渺小生命意义的伟大与崇高，为我们的个人生涯带来更明智的观点。神性是一种知所敬畏的知觉。所谓的神圣，究其终极，乃是一个意义范畴，以此评估我们个人所下的功夫及个人的生活，看它们是否也有意义。

对男性心灵来说，神性的发现，以及与神性的沟通，一定都是透过内在阴性的。白野牛女神的出现带来生命中的神性，带来天空及十二个月亮。

气息可见我行走。
传音扬声我行走，
状若神人我行走。
踪迹可见我行走，
状若神人我行走。

有如大江之收纳内在生命的所有溪流，我们凭本能就知道，“神圣”的一切价值汇聚于阿尼玛，并透过她使我们的内心得以觉察。正如荣格所说，“所有的神与半神，从异教的女神到圣母，从圣杯的信使到圣徒，她是一切的源头。”

对于生命的神圣面，我们似乎从未直接或有意识地追寻。一如那两个寻找猎物的巡逻员，我们梭巡自己既有的猎场，找的无非是一些常见的及熟悉的东西。突然间，我们碰到了对自己一无所知的那一部分。她远远走来，一身白鹿皮毛，说话有如歌唱。刚开始，我们困惑：她一副女人的样子，我们一厢情愿以为，可以把她当成一个女人对待。若说她不是有血有肉的女人，实在很难相信，但却有一股强大的形而上力量使我们不敢将她视为有形的女人，与她接触。

如此这般，神性在我们面前出现；如此这般，神性成为一个“人”，对我们说话，其声可闻。这就是阿尼玛。若非如此，神性之于我们，只是模糊的感觉，是“生命的另一特质”，是“我自己的另一特质”，从不曾接触，也一无所知；它显现为梦中我们渴望已久的奇遇，或可望而不可即的重大胜利，或走道中惊鸿一瞥的俊男美女，或我们心中的童话王国。总之，没有缘由、未经思考，我们的感觉就把我们拉向自己的另一特质，其中的每个意象都散发承诺的信息，包括特别的意义、体验，或完满感。

所有这一切，汇聚于一个内在的存在；对两个寻找猎物的巡逻员来说，白野牛女神，一个陌生人，来自一个更大的世界，远远超出自我对“本体”（reality）之所见、所言及所想。她的“本体”大得太多，充满潜能，可以扩充我们的生命，为生命赋予意义，所以无意识对我们说：“这是神圣的，你必须以神圣待之。”

白野牛女神这样吟唱：“气息可见我行走。传音扬声我行走。”气息作为生命与精神的象征，古已有之。对古人来说，气是神的物质，造物主造好我们，吹气进我们鼻孔，靠着这一丝神圣能量——生命的气息，血肉之躯在这世间借来须臾。白野牛女神行走时，吐气“可见”，她使我们称之为生命的“精神”特质显现可见，使不可见的成为可见的。

对白野牛女神，我们若待之有如自己的灵魂，她便具有力量，使“神圣”成为一种可以当下直接意识到的体验。“踪迹可见我行走。”她说。她不是实质的形体；她是心灵，是一种气息，其轻如风，但她的踪迹却可见。她是实有，是力量，是象征神圣世界的根本。她使神圣摆脱了理论、抽象、感性及比喻的层面，使神圣当下可得，可以接触，可以感受，可以体验，仿佛实质的形体。透过象征体验，精神世界是当下可以感受到的。

因此，她带给我们力量，产生心理上的信仰：

……信仰起源于心灵，心灵所信其实就是灵魂现实。基本上，心灵即意象，意象即心灵，其为信，表现出来就是对意象的信仰……心理上的信仰始于对意象的爱，其主要来源是梦想、幻想、意想（reflections）及想象，其形象则是人。信仰愈加强化，使人愈加相信内在有一实有存在，其意义之重大超越个人的生命。

心理上的信仰会被反映在自我（ego），而这自我认可该意象，在暗处转向它……

——希尔曼《重新审视心理学》

（*Revisioning Psyvhology*，第 50 页）

因此，我们可以这样说，心理上的信仰与精神上的信仰，在最深的层面两者合一，对于这一点，早期的基督徒知之甚稔："信是所希望之事的根本，是未见之事的确据。"我们终将发现，透过精神的象征，使灵魂得以搭上意识心智，我们才能觉察到，我们所祈求的根本、我们所梦想的根本，以及内在生命的根本是这个物质世界所无法局限的。

阿尼玛——白野牛女神——是在向意识心智证明，在有形的世界中，确有无形的实有存在。我们在恋爱中寻求精神领域，到性里面寻求，在物质拥有及药物中寻求，到血肉之躯的人身上寻求；但我们遍寻不着。因为，唯有透过灵魂，它才展现。

圣药杆则是接触"另一个世界"的力量。此一力量之来，依赖有意识地运用象征，因为，唯有透过象征体验，我们才与原型世界的诸神一同呼吸，一如自圣药杆冒出来的轻烟。

至于十二支羽毛，代表天空及十二个月亮，借此我们接受力量，得以理解生命的整体乃是精神与物质结合，神圣与凡俗一体。十二这个数字象征三与四的结合。我们在前面谈过三与四,三象征有形世界及日常存在中生命的规则、局部及有限。四象征灵魂的无限领域，将人提升到原型领域的无限及宇宙的完满。十二将人本性中的这两个特质结合起来。十二结合天与地，结合“另一个世界”与凡俗世界，结合精神生活与物质生活。十二个门徒围绕基督，形成一个完美的圆，是基督教的曼陀罗，太阳年的十二个月，以及黄道十二宫划分宇宙岁月的演递，也都是这种象征。

圣药杆的另一边雕刻的是一只小野牛，旨在告诉我们，若我们有智慧地对待女人，这个尘世与我们的尘世生活也将与神圣结合成为一体。

我们学到最重要的一课，或许是那位聪明的巡逻员：神性之所以为神性，不仅在于它属于内在的世界，也在于我们对它的态度；不仅在于它的本质，也在于人如何与之相对应。重要的是，我们要承认它，接受它的神性，唯其如此，才能感受到它的力量。白野牛女神的巨大力量之所以得以展现，完全是因为聪明的巡逻员知道她是神，对她表现出她理应得到的尊敬。

阿尼玛之所以会送出礼物，关键在于人，在于一个人的自我懂得睁开眼睛，承认她的神性。如果聪明的巡逻员也和愚笨的那个一样，那么，地上摊着的就是两具骨骸，而不是一具；“另一个世界”便永远不会向族人展现，大帐篷不会矗立在族人中间，也不会有可以召唤雷族（thunder Nation），寻求其救援的圣药杆。

就心理上来说，神性取决于两股能量：其一在于内在世界向自我展现，另一则是自我对原型的内在世界的尊重。唯有自我知所尊重，唯有内心知所敬畏，万物于我才为“神圣”。

这里有一事甚为奇妙，说明了人们为什么总是相信，宇宙的演化是神与人之间的伙伴关系。神性常相左右，比任何血肉之躯都更贴近我们，但只有我们睁开眼睛，心怀敬畏谦卑，它才会发挥力量，以意义及品性充实我们的生命。但另有一事令人难解：真正有力量使事情得以完成，使神圣得以神圣的，不是别的，而是我们的意识，我们的认知表现。

严格说来，我们多数人比较像那个愚笨的巡逻员：我们的文化妄自尊大，从小就教导我们，天下无有一事神圣，无有一事值得我们敬畏，生活中的每件事无非就是物质占有或性行为而已。聪明的巡逻员却明白，他所碰到的事情超出他的经验，是不能靠自我常用的“百宝箱”处理的。他感觉到了她的神圣，对她恭敬以待。他警告愚笨的巡逻员：“那是一个女神，快别有不好的念头。”

那个聪明人说：“快别有不好的念头。”指的又是什么？是什么使得他们的念头变得“不好”的？问题不在于他们想的都是性。不同于我们，美洲印第安人没有清教徒的传统，他们并不贬抑肉体及性。真正的问题微妙得多：愚笨的巡逻员把生活中性方面的事情放错了地方。他将精神女人当成一个肉体存在，想要通过肉体的接触去经历她。用心理学的话来说，他将她投射到一个外在女人身上，把她有形化、物质化了。结果呢？灾难一场：他遇到的，不是仁慈的白野牛女神，而是迦梨（Kali），死亡女神，让他成了尘土上的一堆枯骨。

天底下，若有什么事情可以称之为心理亵渎的，那就是意图把神圣转变成别的东西，意图把神圣图利自我。心理上的罪，无关性，无关肉体，也无关“不朽”，而在于把一样东西错叫成别样东西，把它当成别样东西对待，假装做一事，实际上却是另有所图。这是违反意识的罪，是拒绝有意识的生活。愚笨巡逻员的念头之所以“不好”，是在面对一个精神的、神圣的、超个人的存在时，他却以对待物质、性、人的心态对待之。他把白野牛女神当成了他的自我世界的附属。

她指示我们：“回去告诉你的族人，我马上就过去，要他们在部落中央为我搭一座大帐篷。”

为她在部落中央搭建帐篷，指的是在我们生命的中心为阿尼玛留一个位子，一个为神所留的地方。意思是奉献时间和精神去体验自己的心灵，探索自己的无意识，发现我是谁，我是什么，因为，我并不仅止于这个自我。西方男人的首要任务在于承认神圣世界的存在，他必须认真思考自己想象中的“完美”女人、“完美”生活、“完美”感情关系究竟所为何来，明白自己是在寻求现象世界之外的某种东西：寻求神性。他必须投注时间和精神去体验这些能量，这些以象征及幻象展现的内在实有及自己的另一部分。把白野牛女神当成她自己，当成女神看待，并在部落中央为她准备一个地方，说的就是这个意思。

她行走，气息可见，踪迹可见，行走状若神人。如果我们为她准备一个神圣的居所，如果我们愿意睁开眼睛，看清她的本然，她就会来找我们。但话又说回来，讲到她真正的居所，其建材无非是我们对待她的心态，是我们发自内心的庄重。我们所准备的地方是一个内在于心中的地方；若她愿意与我们同住，必定就是在那里。

| 第十八章 |

圣母钟之梦

有些梦不只是为一个男人或女人而作；就其内涵来说，那是集体无意识虚构的神话：是整个民族的梦。这里的梦，来自西方的集体无意识，讲的是本世纪的一个年轻人，三十来岁；告诉我们一个现代西方人是如何解决他与阿尼玛及爱情的可怕纠缠。

我发现了一口曾经属于圣母玛利亚的钟，来到一座千百年前建造的教堂大殿，准备将之安座其中。钟的大小已经知道，祭坛上方的钟座是现成的，刚好容得下钟。几个世纪来，一直都有神父在那里守着，等着接收送回来的钟。我走进教堂大殿，沿着长廊而下，把钟交给等待的神父，我们一同将钟举起来，挂上钟座的挂钩。钟入钟座，完美搭配。

神父受到指示，当圣母的钟送回来时，要到大殿的西端尽头敲响所有的大钟，向世界宣布，钟已经找到，重回基督教的怀抱。所有这些大钟自有生以来就从未响过，必须等到圣母玛利亚钟回归才得鸣响。当神父匆忙穿越长长的大殿去敲钟时，我坐在祭坛旁的一条长凳上。

接下来我该怎么做呢？是等在那里，向人们索取身为圣母钟发现者应得的赞美与奉承？还是默默离开，置身事外？神父得意忘形，压根没注意到我的存在，所以，到头来我还是没名没姓。于是，我选择了后者。

当大钟响起，城里的百姓涌进大殿，我从边门溜出来，展开我孤独的离城之旅。

这里的象征语言强烈而优美，既回答了我们要问的问题，也回答了无意识深层对我们当今的问题所提出的疑问。我们要问的是，现代西方男人如何处理自己的灵魂？如何从爱情中解救自己的灵魂？如何与金发伊索德共生而又不致毁了自己与玉手伊索德的关系？如何才能在自己生命中给阿尼玛一个位子但又能解开她对自己人类关系的纠缠？如何才能懂得尊重自己的灵魂而又不致羞辱了女人？

所有这些问题，如果在一座教堂大殿中，在这些信仰生活的巨大象征中找到了部分答案，当不至于令人惊讶。我们曾经置身情药的现场，曾经看到一座白色宫殿，千窗万户，每扇都有一个吟游诗人吟唱，也看到一座神圣的帐篷伫立在部族的中央——现在，是这座教堂大殿。一路走来，我们置身于强大的转变象征中，乍看之下无法想象的事情全都清楚了：对于爱情的探索及理解，一旦上路，不可避免地就会导向我们的信仰本质，导向我们避之唯恐不及的存有的精神特质。

我们已经知道，爱情会牵动无意识中一个庞大的力量系统，其能量之巨大，我们若要谈论它，只能诉诸宗教及神秘主义的语言。对于自己之所爱，我们“仰慕”，我们“崇拜”；当我们在热恋中，我们觉得“完满”，我们身在“天堂”，我们“死去活来”。这里所显示出来的是一种追求，追求我们的神格、天堂之火、精神的觉醒、意义、自性意识。在西方，历史上别无其他文化，这一股巨大的力量并未被导入宗教信仰或内在的生命，而是注入了人类的情爱；爱情，就此成为这股澎湃的力量汹涌流入人类日常生活的管道。

现在，我们要问的是，我们要如何处理这一股澎湃的力量？我们要怎么做才能正确引导它，使其丰富我们的生命，而不是将之摧毁，包括我们的精神领域及亲密关系。

这个梦给我们的回答，清楚而生动：“将自己属神的部分放回大教堂去，它原本就属于那儿，至于属人的部分，活出它原本该活的样子——平凡及单纯。”我们必须将自己的灵魂从爱情里请出来，让它回到内在的地方——内在的大教堂。

旅人疲劳困顿，举步维艰，走向教堂的大门，由于长途跋涉，尘埃满身，更因为几个世纪下来重负在身，已经精疲力竭。这口钟实在太大太重，不是一个凡人所能负荷。对一个人的自我来说，它太过沉重，对他与凡间女人的亲密关系来说，则太过于令人敬畏。对他的婚姻来说，这个负担实在难以承受。大钟的重量压垮了他们。这口钟，只有一个地方，结构够强、空间够大才容得下：大殿。

打从十二世纪起，崔斯坦率先把这口钟扛出神殿，喝下了情药，想要将这股力量纳入他的恋情当中，西方男人也就挣扎着扛起这口钟，带进个人的生活、婚姻及他的尘世帝国。时至今日，将近一千年之后，他已经忘记这口钟原本是属神的。他将神当成世俗的献祭，把心灵当成自我的献祭，经年累月，早已忘记这口钟原来的主人。由于负担沉重，他的背脊几乎折断，人也累到精疲力竭；重压之下，他的尘世亲密关系支离破碎，但他却束手无策。他不记得有那座大殿，不记得它在何处。

钟声不是别的，正是我们经验的阿尼玛，是她的声音。这让我们想到白野牛女神的话语："传音扬声我行走。"一如这口钟，阿尼玛传音扬声让我们听见，她唱歌，歌声吸引我们进入内在的生命。

她的力量当下敞开我们的无意识，将原型鲜活地展现，吐气化为我们因内在生命力所经历的意象。

钟代表的是男人心灵的抒情知识（lyrical knowledge），和西班牙人说的el modo lirico（抒情模式）意思相同，一种来自直接经验（direct experience）而非知性活动的知识。西方用声音阐述精神而不流于概念、空泛及言词的，唯有钟声与基督教音乐；钟鸣之为声，其音纯净，不滞于心智，自然而然回荡于灵魂。

一如钟声，阿尼玛的力量所揭示的精神经验是狄俄尼索斯（Dionysus）的那一面，真实是用知觉在感觉，感觉源自无意识的意象，感觉与内在的“人”邂逅仿佛真有其事。没错，钟声在西方信仰中是狄俄尼索斯的少数遗绪，召唤我们走向音乐、圣歌、舞蹈、感受——融入牺牲与重生的人间大戏。钟声使人联想到大卫王于上帝面前之舞。

这个梦告诉我们，一如圣药杆，这口钟不属于一个人的自我，而是属于一个内在的“族群”，一个内在的“基督教世界”。众所周知，有些东西是属于全体的，是教会有责任要守护的，终有一天要回归教堂大殿。此一象征表示，有些东西属于精神领域，外在于个人的自我生命，应该供奉于内在世界受到保护，但却已经迷失了。这里说的不是别的，那就是我们的灵魂，我们的心灵。起初，迷失于无意识之中，流浪到了自我的世界；通过情药被投射到个人的人类关系上。我们想要把人类所不能及的变成凡人；想要把属于无意识的东西变成自我的一块封地。但这股力量终将被自我所抛弃，归还给内在的“教堂”。

把我们生命的一部分归还给“教堂”，听起来十分难以想象，但它的意思并不是说一定要涉及某种外在的集体信仰，而是要在我们外在的生活与内在自性之间做出区隔。它说的是，要让某些我们想要通过外在关系表现出来的东西回归到一个安静、隐秘、内在的地方——一个只存在于精神层面的地方。

我们每个人的内心深处都有这样一个地方——一个水晶房间，“玫瑰与晨光交融”；一座教堂大殿，有真实声音的钟响等待宣布流浪的灵魂回归。将阿尼玛归还给教堂，意思是一个男人在自我的生活上要有所割舍，不再坚持自己的灵魂非要活在对女人的投射中；拿掉自己加诸一个外在的人身上的负担，放入为其打造的强大内在豪宅。

有的时候，我们必须面对“自我之死”，亦即要在人生的某个层面上做出牺牲时，梦会补偿我们的恐惧及悲伤失望。我们自己无法看见我们的行为之美好与荣耀，以及因牺牲而带来的美好人生，但梦会显示让我们知道，让我们有勇气。

将阿尼玛归还给教堂大殿是一种牺牲。通过其他人活出阿尼玛，是所有男人都可以做的选择。放弃这个选项需要意识有所牺牲；他必须牺牲掉整个存在层面，以便转移到另一个层面。从自我的角度来看，这就相当于死亡。舍弃透过投射所活出来的阿尼玛，无异于将亲密关系中那股虚妄的激情抽干净；再怎么说，一切都将变得安静又无趣。将灵魂安置到教堂中，不再想要通过一个女人活出它，表示一个男人要把自己的整个生活特质从原先的亲密关系中转移出来，到别处另起炉灶，在自己的另一个层面——一个他不能到外在世界活出来的层面——因此，一切只能靠自己了。对他的自我来说，就好像他在剥夺自己的人类关系，或是欺骗自己。刚开始时，他会觉得人类关系中的紧张、刺激、乐趣及激情都削减了大半，但渐渐地，他会懂得，灵魂生活从来就不是真正属于那里，没有它，自己的人类关系反而发展得更好，即使一时之间难免消沉失望。

这就是负钟的人——那个做梦的人——的感觉。若他把钟送回去，他会觉得自己是在放弃某种个人内在的什么，也就是自我生活。这也是愚笨的巡逻员受到警告不要去碰精神女人时的感受：他会觉得，他要放弃某些想要的东西，某种令他在自我层面兴奋刺激的东西。

教堂大殿的象征——一生都在等待圣钟回归的大钟鸣响——告诉我们，等在牺牲另一边的是荣耀与美好。这个梦的意象告诉我们，将自己的灵魂放回到它们原本所属的地方，我们的自我不曾损失任何东西，因为，教堂本来就在我们的内在，是我们的一部分，对我们的自我来说，看似损失的其实不是损失，而是转化成为更高层次的，某种因教堂大殿而益见其宏伟的东西，某种因大钟鸣响而益见其至美的东西。

事实上，我们的自我帝国从来不曾与神秘或教堂大殿的召唤绝缘，正如我们已经知道的，从自我的盔甲巨大的缝隙中，灵魂会乘隙而入我们的生活，那就是恋爱。这是恋爱——灵性与死亡的奇妙混合，成为我们文化中最强大力量的原因：经由默认，文化已经成为一个容器，我们拼命地把所有被我们的自我帝国所排除的东西，所有无意识的东西——一切属灵的、无法测量的、令人敬畏的，一切在我们内在唤起崇拜的东西——都往里面塞。

做这个梦的人到最后总算明白这一点。聪明的印第安巡逻员却在白野牛女神出现时就明白了这一点，他知道自己面对的是另一世界的东西，不应该将其据为己有，而是将之回归本来为它准备的地方，一个够强大足以容纳它的所在。

如果崔斯坦做了这个梦，了解这个梦，他对情药会有不同的作为么？面对金发伊索德呢？如同那个做梦的人，他可以默默溜出边门，不留姓不留名，把自己属神的部分留在圣殿，把自己属人的部分放在人的领域，不使两者混合交缠。这个梦的整个分量就在于学会区隔两者：神性的部分与凡俗的、人类的、个人的部分。

现在，我们已经看到这个梦作为象征的一面，但在实践上，该如何做？如何把这口钟送回圣殿？如何为这个神性打造一个新家？它可是我们极为重要的部分，我们从来不曾闻问，却又一直在找寻，或随便夹在腋下，或有如那口钟般地负在背上。

荣格治疗个案时，如果对方做得到，他通常都会叫他们尽快回去找祖传的信仰，让天主教徒回去告解、弥撒，犹太人回去犹太教堂，祆教徒回去寻根。无论男女，只要这条路一开，将我们神性的部分送回大殿，这是最简单又最直接的方法。但对许多人来说，这根本就是缘木求鱼，因为，无论是外在的仪式及象征，或文化上传播的信仰，对他们来说都已经不再有生命。

这样的人愈来愈多，不过另有其他途径。我们一定要了解，最后的圣殿，最后的天主教堂、犹太教堂或寺庙，都在内心。真正必要的不是外在的、集体的信仰，而是对精神的、神性领域透过心灵所展现的内在经验。对这样的人，透过日常的静坐冥想、象征仪式、积极想象、与来自幻想的意象互动、与梦中出现的内在的“人”邂逅，都可以找到信仰生活，找到圣殿。

这也就是象征生活——发自内心，有意识地，心怀崇敬，虔诚用功，犹如中古基督教神秘派之于冥想祈祷，或印度教之于湿婆的想象，或佛教禅宗之于坐禅。经由这样一种生活，自有途径回到一切信仰的初生之地：个人的梦境、想象，以及与内在世界之人的鲜活邂逅。在有教义与教理之前，已有雅各布（Jacob）与天使摔跤，保罗（Paul）在前往大马士革的途中看见基督，乔达摩（Gautama）坐在菩提树下与天地合一。内心有一座圣殿，但这对我们来说，看来难度更高，更孤独：让人觉得自己犹如那个做梦的人，背负珍贵的负担来到了圣殿，却由着他走出了边门，踏上漫漫尘路，走入无名无姓，遥遥前路，一生皆然。

这或许是这个梦中最动人也最有力量的地方：这位现代崔斯坦的决定，他不仅把钟送回圣殿，也舍弃了他可以从独自占有着钟所得到的力量、歌颂、舞台，以及自我的重要性。他从边门离去，是真正做到了割舍自我，是一次真正的转化。出乎意料地，这个梦还对我们揭示了一个恋爱的根本议题，那就是谦卑：谦卑的自我懂得割舍，不会把自我的世界、个人的关系夸大膨胀成轰轰烈烈的力量系统。要回归到个人神性的部分，回归到教堂，深切的谦卑不可或缺。

若是在今日，崔斯坦的作为可能依然如故。西方男人已经喝下了情药，只能以他所知道的方式去寻找阿尼玛及诸神。但多少个世纪之前，他在默罗伊森林中度过岁月，天涯流浪，背负沉重的负担，走过无尽的尘路。他恋爱，他失恋；他背叛，他被背叛；他和玉手伊索德成婚，却又浪迹于孤独——永远背负着那口钟，永远在寻找金发伊索德，在每张看到的脸上寻找她。时至今日，他有权利从过去中学习，从他的经验、他的梦境中学习。

如果崔斯坦今天懂得向这个梦学习，他将把金发伊索德当成他内在世界的女王，一个灵魂的角色，由内心指导他进入诸神的领域。他将带她进入内在的圣殿，安置在黄金后座上：她将得其所哉，因为，它虚位以待已经好几个世纪。他不会再尝试在一个平凡女人身上或外部环境中寻找她。崔斯坦自圣殿边门溜出来之后，他将静静地循路进入卡尔海克斯城堡，找到他的妻子玉手伊索德等待他的房间。当他执起她的手时，他将发现一件神奇的事：他留在宏伟圣殿后座上的伊索德已经回来，以该有的形式，在该有的层面。至于那个单纯的尘世女人，不列塔尼公主，也是一个神，而房间所在也是一处圣地。

| 第十九章 |

人类的爱

爱情故事的循环与死亡终结令人觉得好累，不免要问，真有“爱”这回事吗？有的。但有的时候，我们的心态必须大幅改变，才能看清楚爱究竟是什么，并为爱在我们的生活中留下空间。

人与人之间的爱乃是人性的绝对实有之一。犹如灵魂——赛姬（Psyche）——希腊的重要神祇之一。爱，也一样，他的名字叫艾洛斯（Eros）。因为，希腊人了解，爱是集体无意识的一个原型，于人类既是永恒的也是普世的。对希腊人来说，他们视爱为神。

由于爱是一个原型，有其特质、特性，以及本身的“性格”。就和神一样，在无意识中，爱，行事犹如一个“人”，在心灵中自成一个存有。爱，不同于我的自我；在我的自我来到这个世界之前，爱已经在，我的自我离去后，爱也仍然在。尽管如此，爱却是存在于我内在的某种东西，或“某个人”。爱是一种在内部运作的力量，使我的自我朝外界观看，明白自己的人类同胞是要受到尊重和珍惜的，而不是拿来使用的。

因此，当我说“我爱”时，并不是我在爱，事实上，是“爱”透过我在运作。爱并非全在于我的作为，更重要的是我这个人。爱，不是一种作为，而是一种存有状态——是对另一个生命的一种理解接纳、一种结合，是对她或他的一种认同，透过我这个人自内心涌出，无关于意图或努力。

这种存有状态可以从我的作为或我的待人上表现出来，但无法简化为一组“行为”或行动。那是一种内在的感觉。我们往往不了解，只有顺从莎士比亚《李尔王》中寇蒂莉亚（Cordelia）的忠告：“爱，不说出来。”爱的神圣炼金术（divine alchemy）才最厉害。

总之，爱存在，无论我们怎么说爱应该如何。爱的特质不变，无论我们如何以爱之名正当化我们的虚假或自私，爱的存在及本质，不因假象、观点或伪造而有所改变。爱，有别于文化所期望的那种爱，有别于自我想要的那种爱，也有别于从小受教所希望的那种煽情的泡沫及夸大的狂喜；爱终究是真实的，是我之本然，而不是我的自我的要求。

关于爱，我们一定要了解这一点，否则，我们永远无法诚实面对自己的自欺。有时候，有人说："不要让我知道真相，你若戳破我的幻象，那就什么都没了！"我们似乎都以为，爱是"人造的"，仿佛是我们在心里创造出来的。我们的内在始终存有一种爱——人类的爱，尽管爱情的结果并不如我们所想的那样；甚至在我们的投射、幻象、欺骗都已经成为过去之后，这种爱始终与我们同在。

恋爱，轰轰烈烈、吵吵闹闹，把人类的爱都给盖了下去；我们寻求爱，但几乎都不是在找它的本尊，连自己在找的是什么都不明白。但当我们懂得了爱的特性及心态时，自会明白爱在我们心中——在我们的感情中，在对另一个人自然涌现的温暖中，在每一个不着痕迹的小动作中，自存理解接纳之心，而这正是打造人类日常生活的无形结构。

爱是内心肯定、看重另一个人做他或她自己的力量。人类之爱肯定的是一个人的存在，而不是基于我们喜欢这个人存在的想法，或来自我们内心的投射。

爱是内在的神，它打开我们盲目的眼睛，让我们看到其他人的美、价值及品格。爱促使我们以一个整体、一个个体的自性去尊重一个人，也就是说，我们接纳正面的也接纳负面的，接纳可敬的品格也接纳不完美。一个人若真正爱人类而非自己的投射，就会爱阴影（Shadow）如同爱其他一切，接纳一个人的整体。

人类之爱让男人去看见女人身上的固有价值，因此，爱让他欣赏、扶持她，而不是企图通过她来满足自我的目的。有了爱的引导，他会不禁关心她的需求与幸福，而不是固执于自己的欲望与怪念头。

爱改变我们的自我重要感。因为爱，我们明白另一个个体在宇宙中的价值如同自己一样重要；他或她应当是完满的，应当生活得充实，应当获得生活喜乐，一如我们的生活得以满足。

在无意识的世界，爱是一种强大的心理力量，可以转化自我。爱的力量唤醒自我觉知，自我本身之外、自我计划之外、自我事业之外、自我安全之外，还有某些其他存在。爱不仅使自我与其他人类连接，也使自我与灵魂及内在世界的诸神联结。

因此，爱的本质是自我中心的对立面。爱这个字的用法非常广义。不论别人要求多少关心、帮助、保障或快活，我们用爱来予以高举。但当我们追求自己所谓的“需求”，我们的欲望、梦想及控制别人的权力时，这就不是爱了。爱和自我的欲望及权力游戏完全是两码子事。爱所在乎的是善良、价值，以及周遭人的需求。

就爱的本质来说，爱是一种欣赏，承认别人的价值：爱促使男人尊重女人而不是利用她，并要求自己尽力服务于她。若这个女人因爱而接纳他，便会以同样的态度对待他。

爱的原型本质，说得最好的，或许就属圣保罗这简单几句话：

爱是恒久忍耐，又有恩慈；爱是不嫉妒；爱是不自夸，不张狂……不求自己的益处，不轻易发怒，不计算人的恶……凡事包容，凡事相信，凡事盼望，凡事忍耐。

爱是永不止息，先知讲道之能，终必归于无有，口舌之能，终必停止，知识之能，终必消散。

这一段简明晓畅的话语把两种不同的自我说得再透彻不过，一是凡事只有自己的自我，一是凡事从爱出发的自我。自我关心的，只有自己本身；但“爱是恒久忍耐，又有恩慈”。自我是嫉妒的，总是膨胀自己，幻想自己拥有绝对权力与控制，但“爱是不自夸，不张狂”。耽溺于自己的自我中心，自我永远都靠不住，但“爱永不止息”。自我只知道肯定自己及其欲望，但爱“不求自己的益处，”爱肯定一切生命：“凡事包容，凡事相信，凡事盼望”。

我们对恋爱不以为然，道理在此，这也是人类之爱不同于恋爱的原因：就恋爱的本质来说，必然质变成为自我主义。之所以如此，在于恋爱的对象不是另一个人；恋爱激情的对象永远是我们自己的投射、自己的期望、自己的幻想。毫无疑问地，这爱，爱的不是别人，而是我们自己。

现在应该很清楚了，建立在投射上的亲密关系欠缺人类的爱。与某个人相恋，只因为他们对我们反映了神或女神的意象，我们因而受其吸引，就某种意义来说，那就是在爱自己，而不是爱另一个人。在恋爱中，尽管爱的幻想看来极美，事实上，我们的心态可能只是彻底的自私。

唯有对另一个人的了解，是把他或她当成一个真正的人，而开始喜欢并关心时，真正的爱才开始。

……能够真爱意味着成熟，对另外那个人的期望是实际的。也就是说，为自己的快乐或不快乐负责，不期望另外那个人使我们快乐，也不会因为自己的郁闷及挫折怪罪那个人。

——桑福特（Sanford),《无形的伴侣》

（*Invisible Partners*，第 19-20 页 ）

耽溺于投射，便是耽溺于自己。而这种对自己的投射的深情与爱是会反射、会回流的，最后，不可避免地会回到自己身上。

说到这里，我们又一头栽进了爱情的矛盾。矛盾的是，爱自己的投射和爱自己都是应该的。在恋爱中，我们对自己的爱扭曲变质，变成自我中心，爱的本质已经丧失。但我们若懂得到对的层面去找寻，爱自己却是正当合理的：那是流入爱情的第二大能量，是人类的爱的原型，是艾洛斯的另一张面孔。

我们所投射的，其实是自己的无意识部分，理应敬而重之。爱自己的投射，把自己的爱情理想及幻想付诸实践，是对自己整个自性的最大肯定。难的是，既要爱自己又不至于落得以自我为中心。

人类心灵的地理中有众多意识岛屿，有其多层次、多中心的结构，由此可知，对整个自性的爱不可能是我们众多自我的宇宙中心。对自性的爱，乃是自我在寻找隐藏于我们内在世界的其他“人”，是自我对维度更大的无意识的渴望，是自我想要对整个存有的其他部分——包括它们的观点、价值及需求——敞开自己。

从这个角度来理解，爱自己的爱也是“神的”爱，因为，我们是在为自己的灵魂，为神的启示寻求最终极的意义。这让我们想起亚历山太的革利免（Clement of Alexandria）的话：

因此，究其实，对所有门徒来说，最重要的是认识自己；当一个人认识自己，也就认识了上帝。

恋爱之误，不在于我们爱自己，而在于爱自己爱得不对。我们想要透过对别人的爱情投射来肯定无意识，却冷落了隐藏在那些投射中的实有：我们不明白，那才是我们在寻找的自性。

要把爱从恋爱的沼泽中拯救出来，第一要务就是把眼光转而朝向内在；我们必须对内在世界觉醒，必须懂得以内在体验活出“对自己的爱”。接下来，再把我们的眼光调回来，向外落到实体的人及我们营造的关系上——我们必须懂得“人类的”爱的原则。

许多年前，一个有智慧的朋友帮我给人类的爱取了一个名字，称之为“搅拌燕麦片”的爱。她完全正确：如果我们够虚心，就可以在这个词里看到人类的爱的本质，它告诉我们人类的爱与爱情之间的差别。

搅拌燕麦片是个不起眼的动作，既不紧张又不刺激，但却象征一种将爱带至尘世的接纳，代表一种共度平凡人生的意愿，在单纯的日子里寻找意义，尽管生活毫不浪漫，要挣钱过活，要量入为出，要丢垃圾，要夜半起来喂婴儿。“搅拌燕麦片”意味着接纳，在简单平常的事里寻找价值，甚至美，而不是不断地索求一场宇宙大戏、快活或凡事都要过瘾尽兴。一如禅僧之打糠，甘地之纺车纺纱制布，圣保罗之搭帐篷，代表的是，在卑微平凡中发现神圣。

荣格曾说，感情无非小事。从人类的爱来看，还真是如此。两个人之间真正的接纳，尽在一同做的寻常小事情上：忙完一天，安定下来，安静说几句话，体己的温言暖语，日常的陪伴，困难时刻的打气，意料之外的小礼物，自然流露的关爱。

两人若是彼此真心接纳，必会携手投入人生的全部光谱，纵使凡俗琐事，或索然无趣，或困难重重，也将转化成为喜乐充实的人生。相反地，恋爱云云，唯有在彼此的感情都还在“热头”上，床头金未尽、情趣缠绵之时才得以持续。“搅拌燕麦片”意味着两人的爱跳脱了激情幻想，转化成为平实的尘世当下。

许多事情连自我都厌烦，爱却能包容。对方的脾气与不讲道理，爱能忍受。爱是愿意做早餐、平衡收支；爱是愿意做生活中这些“燕麦片”的事情，因为，爱接纳的是人而不是投射。

人类的爱把另一个人看作是一个个体，与他或她的关系是个体化的。在浪漫爱情的眼里，另一个人就只是戏中扮演某个角色的演员而已。

男人的爱若是人类的爱，他会希望女人成为一个完整、独立的人，鼓励她做她自己；浪漫爱情却只在乎她做他喜欢的样子，符合阿尼玛的样子。一个男人若受浪漫爱的摆布，他所要的，就只是她愿意改变，反映他所投射的理想。另一个人若只做他或她自己，爱情不会圆满。

人类的爱必然包含友情：亲密关系中的友谊，婚姻中的友谊，夫妻间的友谊。一个男人与一个女人若是知己朋友，彼此知道对方的难处及缺点，但不会动辄批评，而是更用心地彼此扶持，相互取乐，绝不互挑毛病。

朋友，真正的朋友，有如卡赫丁：他们要的是肯定，而不是批判；他们不纵容，但也不揭短。处境艰难时，朋友挺身而出；生活杂事小事，相互照应。朋友不把自己的标准强加于对方，不要求完美，他们相互照应，而不彼此求好为难。

恋爱中没有友情。恋爱与友情是完全相反的能量，出发点完全相左，可说是天生的仇敌。有的时候，人们会说："我才不要跟我的丈夫（或妻子）当朋友，那样一来，婚姻里面还有什么爱情可言。"讲得对极了：朋友关系固然免不了小冲突及紧张，但却没有自我中心及强人所难，取而代之的是某种符合人性及真实的戏码。

一个男人与一个女人若能彼此相待有如朋友，则他们既是爱人也是"邻居"，他们的关系就牢记了基督的格言："爱邻居如爱自己。"爱情里面有种极为明显的矛盾情形：许多夫妻对待朋友和气、关心、慷慨、宽容，对待另一半却有如寇雠！跟朋友在一起，他们可爱、大方、彬彬有礼，但一回到家，愤怒、嫌恶、郁闷、沮丧，全都丢向彼此。对待朋友之礼胜过对待另一半，真是怪哉。

两个人"恋爱"时，人们常说他们"不只是朋友了"。但时间一久，他们彼此相待却连朋友都不如。多数人都相信，"恋爱"关系比朋友关系更亲密、更"深入"，那么，为什么两个人对朋友能够付出无私的爱、善意及情谊，彼此间却做不到？一般人不会要朋友承接自己的投射，要他们做自己的出气筒，要他们让自己觉得快乐，要他们为自己营造完满的人生，为什么情侣却将这些要求强加于彼此？关键在于恋爱的传统教导我们，我们有权利期待“相恋”的那个人承接我们所有的投射，满足我们所有的欲望，实现我们所有的幻想。印度有一种结婚仪式，新郎和新娘相互庄重地发誓：“你将成为我最好的朋友。”这正是西方夫妻要学习的，彼此以朋友的情谊共度人生，以友谊的精神处理因爱造成的纠结。

要学人类的爱，我们可以敞开心胸看看东方文化及他们的心态。

在印度和日本生活期间，我看到的婚姻及爱情关系基础，完全无关恋爱，而是一种温暖的、奉献的及长久的爱。印度人天生就是处理人类之爱的高手。在我看来，这是因为他们从来不曾把浪漫恋爱当成彼此接纳的途径。我们在西方完全混到一起的东西，印度人很自然地就区分开来：他们懂得把阿尼玛、原型及神明当成内在实有，敬而重之；他们懂得对生命神性一面的体验是一回事，个人关系及婚姻是另一回事。

印度人把内在世界放到象征的层面，透过寺庙艺术及寓意性仪式将内在的原型转换为意象及外在象征，他们不会把内在的神投射到丈夫或妻子身上。他们将原型拟人化，当成另一个世界的象征，把彼此当成人类；如此一来，他们不会将不可能的要求强加于彼此，也就不至于失望。

印度男人不会要求妻子成为阿尼玛，将他带往另一个世界，或要她体现他内在世界的一切力量及完美。由于感性的信仰经验仍然是他们文化的一部分，印度人不需要透过婚姻及人类关系去跟灵魂沟通。要找神，他们可以去庙寺，可以冥想，或去找上师（guru），绝不会拿外在关系去扮演内在角色。

对于印度人的方式，西方人一开始都会感到困惑：他们的爱似乎缺乏激情的热度和力度，不适合西方人的浪漫口味。假如耐心观察，却会惊讶于西方人的偏执，对于只有恋爱才是“真爱”的看法不免开始质疑。在印度的婚姻中，有一种安静但稳定的感情，一种挚爱（profound affection）。之所以说稳定：他们不像西方夫妻往复来回于戏剧性的“恋爱”与“失恋”、仰慕与幻灭之间。

在传统印度婚姻中，男人对妻子的承诺不是建立在他与她的“恋爱”上。由于他一开始就不曾“恋爱”，也就无从“失恋”。他与妻子的关系建立在爱她的基础上，而不是因他投射在她身上的理想而“恋爱”。他的关系不会因为有朝一日“失恋”了，或遇到别的女人接住了他的投射而瓦解崩溃。他们把自己交给一个女人，一个家，而不是一个投射。

相较于印度人的“单纯”，我们总认为自己比较高明。但相对于印度人，一般西方男人却无异于一头公牛，鼻子上套了环，被自己的投射牵着从一个女人到另一个，对任何一个人都谈不上建立真正的关系或承诺。在人类的感情、爱及亲密关系上，印度人的意识已经演化到了一种高度区隔、微妙且精致的程度。在这些事情上，我们不如他们。

在传统印度人身上，我观察到最令人惊讶的事情，是他们的孩子开朗、快乐及心理健康。印度人家庭的孩子不像许多西方孩子那样神经质，内心也不会那样挣扎。他们总是沐浴在人的恩爱中，他们感受得到父母之间那股平静的恩爱，家庭生活的稳定及永续。他们的父母永远可靠，从未听过他们怀疑自己的婚姻是否“出了问题”；分手及离婚的阴魂不出来弄人。

对我们西方人来说，时光无法倒退。我们无法走印度人的路，无法用其他民族的习惯或心态来解决西方的困境。我们不能假装自己拥有东方的心灵，我们的心灵始终是西方的。我们必须处理自己的西方无意识及自己的西方伤口。我们必须在我们自身的西方灵魂中找到疗愈的香膏。我们喝下了情药，一头栽入我们演化中的浪漫时代，唯一的出路就是继续往前；我们没有回头路，不能犹豫不前。

但我们可以向东方文化学习，跳脱出我们自己，跳脱出我们的主张及信念，以新的视角看自己，只要时间够久，在爱的处理上，我们可以懂得用一套不同的心态去解除西方文化教条的束缚。

我们会懂得，人类关系与友谊及忠诚不可分割，爱的本质不是利用别人使我们快乐，而是服务并肯定我们所爱的人。我们将会惊讶地发现，我们最最需要的不是被爱，而是爱。

知识铺垫

分析心理学

分析心理学被称为荣格心理学或原型心理学。这种深层心理学是瑞士的精神医学家荣格（Carl Gustav Jung，1875—1962）用毕生的心血研究创立的。它是临床的并且也是思维的理论体系。所谓深层心理学，用弗洛伊德的话来讲，是指“不能直接到达意识的深层的心理过程”，即我们把处理无意识领域的心理学叫深层心理学。

意识、个人无意识、集体无意识

意识是人精神世界中唯一能够直接感知的部分，

即我们所能意识到的东西，是对于个人生活经验及思想的反映，伴随着生命的诞生而出现，如从婴儿时期开始出现的感觉、知觉、思维等。荣格发现，人的意识发展过程就是人的“个性化”（individuation）过程，它在人的心理发展中起着相当重要的作用。

个人无意识，是指曾经被意识而后被压抑（遗忘）的经验或开始时不够生动不能产生意识印象的经验。荣格认为这些经验会组成情结的主题不断地在人生中再现，对人的行为起着重大影响。

集体无意识，是指由遗传保留的无数同类型经验在心理最深层积淀的人类普遍性精神，由荣格在1922年的《论分析心理学与诗的关系》一文中提出。荣格认为人的无意识有个体和非个体（或超个体）两个层面，即个人无意识和集体无意识。前者只到达婴儿最早记忆的程度，是由冲动、愿望、模糊的知觉等组成；后者则包括婴儿出生以前的全部记忆，可以在所有人心中找到，具有普遍性。

原型

荣格认为，在人的进化过程中，大脑携带着人类全部历史，即一种集体性的“种族记忆”，当它们被凝缩、积淀在大脑结构之中，就形成了各种原型。原型可根据民族的不同，出现在本民族的神话、寓言、传说等文学作品和艺术创作中，是远古以来人类所继承的共同心理部分。在众多原型中，荣格研究较多的是人格面具、阿尼玛和阿尼姆斯、阴影和自性。

人格面具

人格面具是指人能够根据外在要求灵活地表现出适当的态度和言行，其作用是使人与其所处的社会之间达成一种融合。人格面具是公布于众的自我，是由于人们必须在社会中扮演各种角色而发展起来的。也就是说，人格面具是人与外部环境协调的部分，是心灵的一部分。

阿尼玛和阿尼姆斯

阿尼玛和阿尼姆斯又称异性的原型，即男女两性意象，前者是指男性心灵中的女性意象，后者是指女性心灵中的男性意象。它的基本功能是引导人们去选择一个浪漫伙伴并建立情感关系。荣格认为，男女之所以相互吸引，是双方把自己心中的女性意象或男性意象投射到对方身上，并且相互适应。阿尼玛使男性具有女子气，并拥有了与现实中女性的交往模式；同样阿尼姆斯使女性具有男子气，并拥有了与现实中男性的交往模式。

阴影

阴影也称同性原型，代表一个人自己的性别，并影响到其与其他同性的关系。阴影原型所蕴藏的人的基本动物性比其他原型蕴藏的数量都多，是人心灵中最黑暗、深入的部分，也是人性中邪恶、攻击的象征。认识、接受并整合阴影，深刻理解阴影与人格面具的关系，将使阴影朝有利于人格的方向发展，有助于荣格所说的“自性”的实现。

自性

自性是荣格提出的最重要原型，也是统一、组织和秩序的原型，并且是整个心灵的核心。自性是能够包含所有其他原型的原型，其作用是为人格确定方向，协调人格的各组成部分，使之整合为一个和谐的整体。荣格把这个统一体称作自我实现 (self-actualization)。